L'ALGÉRIE

ET

L'OPINION.

LAGNY. — IMPRIMERIE ET STÉROTYPIE DE GIROUX ET VIALAT.

L'ALGÉRIE

ET

L'OPINION

PARIS

J. CORRÉARD, ÉDITEUR D'OUVRAGES MILITAIRES

RUE DE L'EST, 9

1847

L'ALGÉRIE

ET

L'OPINION.

———◆◆◆◆———

L'opinion est la reine du monde, a-t-on dit dès la fin du xvie siècle ; et son avènement fut salué comme un bienfait.

Peut-être cette princesse se montrait-elle alors sous les traits d'une jeune femme savante et ingénue, fière et modeste tout ensemble, d'une Jeanne Gray, par exemple

Elle est aujourd'hui devenue la souveraine la plus despotique, la plus passionnée, la plus vaine, la plus aveugle, la plus capricieuse, etc., etc. : c'est une vraie Catherine II.

C'est pis encore, si vous voulez, c'est une folle assise sur le trône. Mais enfin, puisqu'elle règne, et que ni charte, ni chambres, ni émeutes ne sont là pour brider ses écarts, on ne peut en appeler d'elle qu'à elle-même.

De Philippe ivre, à Philippe à jeun, comme faisait le plaideur macédonien.

L'opinion française a le cri perçant du coq gaulois, et, matinale comme lui, c'est elle qui donne l'éveil à l'opinion de l'univers. Loin d'abuser dans un intérêt personnel de cette influence glorieuse, elle l'exerce presque toujours à son propre détriment, et au profit de l'Angleterre qui a su la rendre négrophile, qui l'aurait volontiers rendue libre-échangiste, qui lui jouera bien d'autres tours.

Mais il ne s'agit point ici d'énumérer ses illusions, divagations, déceptions sur toute espèce de matière. Un volume n'y suffirait pas.

Entrons de suite en ALGÉRIE.

Ce qu'elle est et ce qu'on en pense forment un contraste assez piquant pour défrayer pendant quelques minutes l'attention la plus frivole ; et les points de vue en sont assez nombreux pour que leur esquisse à grands traits remplisse une brochure.

La conclusion sera des plus morales ; elle nous montrera vrais et dignes petits-fils de nos grands-pères, dont l'opinion sur toute chose lointaine, originale, exceptionnelle, fut si bien caractérisée par ce mot devenu célèbre : *Peut-on être Persan !*

1830-1840.

————o o————

Jamais l'opinion de la France au sujet de l'Algérie ne fut moins erronée qu'à l'époque de cette belle conquête.

La France n'avait alors sur elle absolument aucune opinion.

————o o————

Le lieutenant-général, comte de Bourmont, ministre de la guerre et commandant en chef l'expédition, donna la mesure exacte de ce qu'on savait alors en France sur l'Algérie.

Par exemple, il jugea nécessaire d'avertir ses soldats, dans une proclamation (Bonaparte en avait bien fait une en partant pour l'Égypte), que les Arabes conduisaient au combat une multitude de chameaux, mais qu'au total, ces quadrupèdes n'étaient pas si méchants qu'ils en avaient la mine.

Nos braves, si bien renseignés, ne s'étonnèrent que d'une chose, soit au débarquement, soit au combat de Staouëli, ce fut de ne pas découvrir le plus petit chameau.

— Après l'explosion du fort l'Empereur, le Dey jugea fort sagement que son heure était venue. Il demanda d'être admis à capituler.

On lui répondit.... Ah ! cette réponse eût mérité l'examen le plus sérieux. Puisqu'elle entrait dans l'ordre naturel des probabilités, le ministère aurait pu la délibérer d'avance en conseil, même avant le départ de

l'armée, y réfléchir depuis, en peser toutes les conséquences. Peut-être l'a-t-il fait? Dans ce cas, c'est son
défaut de lumières qui ressort, au lieu de son impré-
voyance.

Bref, on répondit au pacha par l'offre d'une capitulation beaucoup plus favorable qu'il ne l'eût jamais de-
mandée. Voilà bien cette fausse grandeur dans laquelle
nous aimons à nous draper !

Le plaisant (et le triste à la fois), fut d'insérer dans
cette pièce des articles onéreux pour nous, et de nul
intérêt pour l'autre partie contractante. Ainsi, nous
nous y engagions à conserver dans leurs vies, biens,
immeubles et propriétés quelconques, tous les habitants
de la ville d'Alger. Vous pensez quel dut être l'étonne-
ment du Turc, lorsqu'il vit qu'on lui promettait de res-
pecter des choses dont il ne s'était jamais soucié lui-
même, qu'il avait toujours sacrifiées à ses moindres
caprices.

Comme il eût été loin de s'aviser d'un tel article !
N'était-ce pas un de ses prédécesseurs qui, s'informant
des frais du bombarbement d'Alger par Duquesne,
avait conclu de la sorte : « Grand Dieu! Pour la moitié de cette somme, j'aurais brûlé la ville entière. »

Hé bien, un article si bénévole a causé plus de malheurs qu'il n'était gros, plus d'embarras qu'il n'était
niais. En effet, la reconnaissance de l'ancienne propriété s'y trouvait implicitement comprise, avec ses formes incomplètes et ses titres irréguliers. On n'imagina
pas d'en restreindre au moins le bénéfice aux immeubles urbains, on l'étendit à ceux qu'aucune enceinte ne

protégeait, même fictivement, et dont nous étions déjà maîtres avant la capitulation.

Aussitôt les spéculateurs s'abattirent d'Europe sur l'Algérie ; ils achetèrent, arrachèrent, extorquèrent de toutes mains ; et de là vint ce désordre de la propriété, aux environs d'Alger, que tant d'ordonnances royales et d'instructions ministérielles ont si vainement combattu. Le tout, par suite de la stipulation la plus gratuite dont jamais vainqueur ait fait l'offre à un ennemi hors d'état de l'exiger, et ne songeant pas même à l'obtenir ; le tout, enfin, pour remonter aux causes premières, par suite de la supposition bizarre que ce pacha des douze mille Turcs, oppresseurs de l'Algérie, devait avoir, pour ses sujets, les entrailles d'un roi constitutionnel, père du peuple.

Notre marche eût été trop facile si nous n'eussions roulé nous-mêmes devant nous cette grosse pierre d'achoppement, En effet, les Algériens, une fois rendus à merci, qui nous empêchait de leur dire : « Par droit « de conquête, le gouvernement français s'empare de « tous les immeubles. Mais il les concédera gratuite- « ment, avec des titres nouveaux et réguliers, aux in- « digènes qui en feront la demande et qui justifieront « de leur propriété antérieure. La validité de leurs titres « sera soumise à un conseil institué *ad hoc*. Nul im- « meuble ne pourra être aliéné sans avoir obtenu cette « homologation, et ceux qui ne la posséderaient point « encore au bout d'un délai de dix ans, seront acquis « sans retour à l'État. »

Les personnes qui ont étudié la matière ne peuvent

méconnaître qu'une mesure si simple eût coupé court à tout abus ; elle prévenait l'agiotage, elle constituait clairement la propriété, elle punissait d'une confiscation indirecte au profit du domaine, les mécontents, les émigrés, et ceux qui étaient allés combattre dans les rangs de nos ennemis.

Dix lignes pour épargner dix ordonnances et vingt ans de confusion ; car on n'est pas au bout.

Mais revenons à la conquête.

M. de Bourmont fut persuadé que la richesse d'une ville comme Alger, consistait uniquement dans le trésor de la Casbah. Toute son attention, toute l'intelligence des conquérants parurent être absorbées dans le compte et le transport d'une somme de 30 millions, Pendant ce temps, les mille autres ressources du petit état, les magasins de bois, de vivres, de fers, d'outils, les dépôts d'armes et d'agrès, les ateliers publics, le matériel de guerre, les poudres, la corderie, tout fut abandonné, tout fut pillé de fond en comble. De plus, comme on n'avait pas eu la présence d'esprit de maintenir les autorités locales dans l'exercice de leurs fonctions, on s'aperçut au bout de quelques jours qu'aucune police n'existait plus ; les fontaines cessèrent de couler, sans qu'on eût connaissance de la distribution de leurs conduits ; etc., etc.

Ce fut ainsi que la civilisation mit le pied dans une ville barbare.

On serait tenté de croire que, tout en préparant la

conquête d'Alger, la Restauration ne s'était pas imaginé qu'elle y pût réussir. Aucun plan n'était arrêté, aucunes instructions n'étaient données dans la prévision du succès ; et jamais on n'a pu savoir ce qu'elle prétendait faire de sa conquête.

Survint la Révolution de Juillet. Peut-être assura-t-elle le maintien de notre drapeau en Afrique ; mais à coup sûr, elle ne commença point par le consolider.

L'opinion libérale se montra très défavorable à l'armée conquérante, quoiqu'elle eut rajeuni la gloire de nos armes. Pourquoi cela ?

— Parce qu'on s'imagina qu'elle était royaliste, carliste, contre-révolutionnaire. Et pourquoi se l'imagina-t-on ?

— Parce que son général en chef était lui-même royaliste, carliste, contre-révolutionnaire.

Cette raison parut suffisante.

————o o————

Une autre erreur beaucoup plus grave prit également naissance à cette époque : ce fut de croire que l'Algérie était conquise, puisqu'Alger nous appartenait.

Accréditer une illusion si grande pour aplanir les difficultés diplomatiques où nous jeterait la prise de possession du pays tout entier, la faire considérer, par ce moyen, comme un fait accompli dont la révolution de 1830 héritait nécessairement ; rien de mieux, ni de plus habile. Mais s'aveugler soi-même à cet égard :

quelle frivolité digne de l'ancien esprit français! Quelle
ignorance de la société, des passions et des races Mu-
sulmanes !

D'ailleurs, ce n'eut pas été vrai même en Europe.
Est-ce que la victoire d'Austerlitz et l'entrée dans
Vienne? Est-ce que la victoire d'Iéna et l'entrée dans
Berlin nous livrèrent la possession de l'Autriche et de
la Prusse? Il faut tourner les yeux vers l'Espagne de
cette époque, pour se faire l'idée d'une guerre d'asser-
vissement. Encore ne s'agissait-il point là de perdre sa
nationalité, ni de faire violence à ses sentiments religieux, mais seulement de reconnaître un étranger pour
roi.

La prétention toute parisienne de renfermer sans
cesse dans les murailles des villes, les questions politiques de l'Algérie qui ne s'y trouvent jamais, s'est encore
manifestée, depuis, au sujet de Constantine. Longtemps après cette ville prise, on admirait la tranquillité
générale du beylik, sans se douter que, si les tribus en
paraissaient dociles, cela tenait uniquement à ce qu'on
ne leur commandait rien du tout. Plus tard, il y eut
un peu de surprise lorsqu'on eut connaissance des sérieuses expéditions de M. le général Baragay d'Hillers.

— Cette province est donc révoltée, demandait-on.

— Nullement, on la soumet pour la première fois.

Notez qu'il s'en faut de beaucoup que cette opération
soit terminée même aujourd'hui.

Ce fut ainsi que la bataille de Staouèli et la prise
d'Alger nous livrèrent tout juste Alger et sa banlieue.
Le gouvernement turc en fut renversé dans la seule

province du centre, car les beys de Constantine et d'Oran n'étaient pas entamés. D'ailleurs, eussent-ils succombé du même coup, tout cela n'impliquait en rien la soumission du véritable peuple; c'est-à-dire, des tribus arabes et kabyles.

Celles-ci reconnaissaient l'autorité religieuse du Grand-Seigneur, et se trouvaient comprimées en son nom par la milice turque. Un beau jour, les Français leur disent : Nous avons expulsé vos oppresseurs.

— Tant mieux, répondent-elles, nous voilà libres?

—Non pas! Nous succédons au gouvernement turc par le droit de conquête; vous nous appartenez.

— Appartenir à des chrétiens? Nous n'acceptons point cet échange. Passe encore pour les tyrans que le chef de l'Islam nous imposait! Mais, vous que le Koran réprouve, que nos mœurs, nos instincts et nos vieux préjugés repoussent, vous, nos maîtres!... jamais!

Que répondre à cela, si ce n'est : Nous sommes les plus forts.

— Être les plus forts, dans toute l'acception du mot, l'expérience a montré ce que cela signifiait. Il ne fallut pas moins d'une excellente armée de 100,000 hommes, admirablement commandée, pour faire et pour maintenir la conquête.

Dès le principe, comme on la croyait faite, et sans doute assurée, on fixa l'effectif de l'armée au chiffre de 17,000 hommes.

———o-o———

A la vérité, cette folie s'expliquaitpar une autre. Le

ridicule des moyens était mis en rapport avec l'absur-
dité du but.

C'était l'époque d'un gouvernement instable, traîné
à la remorque de l'opinion la plus vulgaire. Or, que lui
prescrivait cette opinion, au sujet de l'Algérie? Que
voulait-elle?

Elle voulait *civiliser* les indigènes, c'est-à-dire, substituer aux leurs nos idées, nos mœurs, nos coutumes,
nos lois; leur imposer nos modes et nos vices, nos besoins et nos conditions de travail; saper tout douce-
ment leur religion, non pour les convertir au christia-
nisme, mais pour les rendre, un tant soit peu, *Voltai-
riens;* émanciper et dévoiler leurs femmes, vacciner et
éduquer leurs enfants, etc., etc. Et l'on s'imaginait,
de bonne foi, qu'une révolution pareille, ne souffrirait
pas la moindre difficulté. — Il y a des gens auxquels
vous n'ôterez pas de l'idée, que tous les peuples du
monde nous appellent; que les Rhénans seraient fiers
d'être Français, que les Italiens en meurent d'envie, que
nous n'avons qu'à nous montrer pour vaincre, d'un
regard, absolument comme César ou le père Enfantin.
— Et voilà, justement, ce qu'on se proposait de faire
en Algérie : séduire par l'étalage de sa supériorité,
convaincre par la puissance de la discussion.

Dix-sept mille hommes suffisaient sans doute pour
une telle conquête... Dix-sept mille journalistes, s'entend!

Malheureusement, les journalistes aimèrent mieux
traiter à Paris les affaires d'Afrique, que d'importer
eux-même en Algérie la civilisation française. Ils réflé-

chirent apparemment qu'il leur faudrait d'abord apprendre une ou deux langues étrangères et fort étranges, avant de songer à soumettre les indigènes par la
voie de la presse : on leur manda probablement aussi
que leur futur public ne savait point lire. Bref, les journaux arabes et kabyles proposés très sérieusement, ne
parurent jamais. Ce fut une perte irréparable pour les
lettres.

— En conséquence, la corvée de *civiliser* l'Algérie
resta tout entière aux dix-sept mille hommes soldats :
c'est-à-dire, à la force matérielle, brutale, inintelli-
gente, comme on est dans l'usage de la nommer.

———o o o———

Les gouverneurs qui se succédèrent en Afrique pendant les dix premières années demeurèrent donc, par
l'insuffisance de leurs moyens militaires, dans une position fausse et difficile dont on doit tenir compte lorsqu'on juge leurs actes.

Parmi ces généraux, il s'en trouva d'un grand mérite et d'une rare énergie, en ce qui concernait la pratique de leur métier ; mais aucun n'eut le mérite de
juger sainement la question si complexe qu'il avait à
résoudre, ou l'énergie de la montrer sous son jour véritable, en heurtant de front le préjugé public.

— Le maréchal Clausel qui remplit à deux reprises
ces hautes fonctions, était un homme de guerre con-
sommé. Il le prouva, mais il ne prouva rien de plus,
du moins, en sa faveur.

Prévenu contre l'armée d'Afrique, particulièrement sous le rapport de la probité, il débarqua, la bouche pleine de menaces d'enquêtes. On eût dit que les premiers venus avaient si bien pillé, qu'il ne restait plus rien à prendre.

Disciple exagéré de l'école impériale, ce général en chef parodiait dans ses proclamations les *quarante siècles* des pyramides et s'écriait en couchant au Tenyah de Mouzaïa : « Soldats, les feux de vos bivouacs se confondent avec les étoiles du ciel ! »

On fit une caricature qui représentait Dumanet allumant son cigare à une étoile. Réponse du bon sens populaire au pathos égyptien.

— L'attitude inquiétante de l'Europe paraissait nous prescrire une grande économie de nos ressources en Algérie. Delà vint qu'on regretta l'embarquement forcé des Turcs, et même la déchéance du Dey dont il sembla que nous aurions pu faire notre vassal, sous la tutelle d'un résident français, et sous la menace permanente d'un ou deux bâtiments de guerre. Delà vint aussi le projet du maréchal Clausel de donner, pour ainsi dire à bail, au bey de Tunis, la majeure portion de l'Algérie ; projet qu'il ne faut pas juger sur la tentative ridicule, incomplète et promptement abandonnée qu'on en fit à Oran.

L'un ou l'autre de ces systèmes nous rendait, en Europe, une liberté d'action qui n'eût peut-être rien changé à la marche de nos affaires et présentait, dans son application, des difficultés trop faciles à méconnaître quand on n'en a pas fait l'épreuve. Ces rôles de protectorat dominant, si bien exploités par l'Angleterre, ne conviennent pas du tout à notre génie politique.

———o◆———

La grande faute commise en réduisant de moitié l'armée d'Afrique, juste au moment où il eût été convenable de la doubler, ne tarda point à porter ses fruits.

Notre prompt, notre éclatant succès contre les Turcs dont la réputation militaire était faite, avait frappé, sur l'imagination arabe, un de ces coups dont il ne faut jamais laisser revenir son ennemi. A cette époque, un accroissement continu de nos forces, qui les eût portées jusqu'au chiffre de 60,000 hommes, promettait d'assurer sur-le-champ, la conquête intégrale et la domination définitive du pays. Aucun centre d'action, aucun homme national ne ralliait les tribus éparses ; le prestige de nos armes n'était souillé d'aucun revers.

Mais la honteuse déroute qui signala le premier retour de Médéah, apprit bientôt aux indigènes que nous n'étions pas invincibles : notre lenteur à venger cet échec, les fit douter de notre puissance ; l'incorrigible témérité qui perdit tant de fois des détachements trop faibles, leur donna le goût du sang français. Il ne leur manquait plus qu'un chef, notre mauvaise politique y pourvut.

Cette mauvaise politique dériva principalement d'une ignorance complète des hommes et des races, d'un penchant déplorable à les voir du point de vue français.

Parmi tous les faux jugements qu'on a portés sur l'Algérie, ceux-là nous ont été les plus funestes.

L'opinion commence de s'apercevoir maintenant à quel point règnent sur la côte d'Afrique, le préjugé des origines, et l'aristocratie de la naissance ; elle commence d'y reconnaître quatre races distinctes, plus dissemblables entre elles que deux quelconques des nations de l'Europe.

Le Juif, qu'on retrouve partout, dans les villes, sous la tente, au fond du gourbis, trafiquant et thésaurisant, honni et maltraité, le Juif semble être, aux yeux des populations algériennes, le type le plus infime de l'avilissement humain.

Le Maure, c'est l'Arabe des villes ; et, comme on l'a fait remarquer, nulle question sérieuse n'est enfermée dans les murailles de ces villes. Le Maure plus instruit, plus policé, plus élégant que l'Arabe et le Kabyle, leur inspire à tous deux le plus profond mépris : il n'est pas guerrier.

Indépendant au sein de ses âpres montagnes, ignorant quoiqu'industrieux, le Kabyle se passe aisément de ses voisins. L'homme de la plaine, le taxe de grossièreté, mais respecte en lui le courage et la force.

L'Arabe a la conscience exagérée de son ascendant réel sur tous les autres indigènes. Il ne connaît rien dans le monde au-dessus de ses familles nobles ; le soldat turc, lui-même, n'était à ses yeux que l'agent brutal et oppresseur d'un pouvoir légitime. Enfin, en tout état de cause, il considère le Kabyle comme un allié subalterne, le Maure comme un musulman dégénéré,

le chrétien comme un chien, le juif comme un animal
immonde.

Voilà l'opinion de l'Arabe, et celle-là ne varie point.

Dès-lors, il est facile de comprendre ce que l'orgueil
des grands chefs de la plaine eut à souffrir des premières
relations avec nous, qui, par suite d'une bienveillance
aveugle envers notre entourage direct, qui, par suite
des démarches obséquieuses des Maures et surtout des
Juifs, avions été précisément choisir, parmi ces hommes
de rebut, nos interprètes, nos agents, quelquefois même
les dépositaires de notre autorité.

Le chef-d'œuvre de l'aveuglement, en ce genre, fut
la nomination d'un Maure au beylik de Médeah. Ainsi,
ces fiers cavaliers du Titteri qui font la fusillade au
grand galop de leur cheval, en labourant ses côtes de
deux chabirs ensanglantés, ces guerriers de noble
tente qui se prétendent descendus de la première invasion arabe, étaient invités à reconnaître, comme
chef militaire, un citadin dont on voit les pareils ac-
croupis toute la semaine au fond d'une boutique, ou,
le vendredi, se promenant jusqu'à leur campagne, assis, les jambes croisées, sur une pacifique mule qui se
hasarde, au plus, à trotter l'amble.

A une mesure aussi grotesque, on ne peut même pas
trouver d'équivalent chez nous; non, pas même en
imaginant d'extraire de sa loge un portier du Marais et
et de le placer à la tête d'un régiment de nos chasseurs
d'Afrique.

Mauvais emploi des hommes, quant à leur race, ce fut une faute par ignorance. Mauvais emploi des hommes, quant à leur caractère, ce fut un défaut de perspicacité, dont le plus éclatant, mais non pas le seul exemple, a été l'exaltation par nous-mêmes de notre plus grand ennemi.

L'opinion, dans un de ses accès d'anglomanie, caressa l'idée de rallier toutes les tribus arabes sous le commandement d'un seul homme que nous prendrions en tutèle.

Cet homme, bien entendu, nous serait obéissant, fidèle, dévoué.

Cet homme fut Abd-el-Kader.

Il est certain que les Anglais ont maintes fois fait et défait des souverains barbares : mais ils s'en sont plutôt servis pour diviser leurs ennemis naturels que pour les réunir; rarement ils se sont trompés sur le choix de ces auxiliaires, toujours ils ont su tenir en main le bout de leur chaîne dorée.

Au fond, c'était surtout notre engouement de l'unité et de la centralisation administrative qui prêchait en faveur d'un petit royaume arabe. Excepté le maréchal-de-camp Desmichels, promoteur de ce beau système, tous les généraux, qui s'y conformèrent, agirent en vertu d'instructions positives ; plusieurs augurèrent mal du résultat, et firent connaître leur avis sans succès.

Aujourd'hui, l'on ne peut s'empêcher de sourire en songeant que nous avons prêté du matériel et fourni de la poudre à l'émir pour lui faciliter la soumission de certaines tribus indépendantes, et que nous avons tiré le canon en signe d'allégresse pour la prétendue prise d'Aïn-Madhy.

En admettant, à la rigueur, le principe de la concentration politique des Arabes, il fallait l'opérer entre les mains d'un homme qui nous dût tout et qui fournît des gages de sa dépendance.

Or, Abd-el-Kader avait été proclamé sultan dès 1832, dans la plaine d'Eghrës, par les tribus les plus considérables de l'ouest : l'aristocratie religieuse s'était appuyée de miracles et de prophéties pour obtenir cette élection, enfin, le but évident d'un tel acte était de mettre à profit la chute du beylik turc pour assurer l'indépendance musulmane contre les prétentions françaises.

Ces circonstances présentaient donc Abd-el-Kader sous son jour véritable ; elles dessinaient en lui le champion du Koran et de la nationalité arabe : c'est-à-dire, pour nous, un irréconciliable ennemi.

Mais alors on ne savait point tout cela.

Pourquoi l'ignorait-on ?

On l'ignorait, par un motif qui nous a presque toujours empêché de pénétrer les secrets de nos ennemis, de connaître assez tôt leurs mouvements, de leur créer des embarras intérieurs, d'entretenir ou de susciter dans leurs camp les rivalités, les conflits, etc. Ce motif, c'est l'exiguité ridicule des fonds affectés de tout temps aux dépenses secrètes.

Dans un pays où presque tout homme est à vendre, nous n'avons jamais su corrompre un chef, rarement soudoyer d'habiles espions ou entretenir de bons guides.

Ruineuses économies que celles-là!

Maintes fois, cent mille francs bien placés eussent épargné des frais d'expédition militaire allant à plus d'un million, sans compter la perte en soldats.

———•◦•———

Ceci est une transition naturelle pour suivre les conséquences de notre parcimonie, dans de moindres détails. Rien n'est indifférent quand il s'agit d'asseoir la supériorité d'un peuple sur un autre.

Un général français arrive-t-il chez le dernier de nos khalifas ou de nos aghas, du plus loin qu'il est signalé, des guerriers s'élancent à sa rencontre et brûlent dans leur fantasia autant de poudre qu'en une escarmouche. Bientôt un autre groupe de cavaliers paraît, c'est le chef entouré de ses principaux subalternes. Après des salutations et des compliments infinis, il amène son hôte devant la tente préparée pour lui et ses officiers: on met pied à terre; tous les cheveaux, indistinctement, jusqu'à ceux de l'escorte, sont rassasiés d'orge et de paille. On sert au général et aux personnes de sa compagnie un repas homérique: des moutons, des agneaux rôtis tout entiers, des volailles à profusion, du couscoussou, des gâteaux, du lait et des fruits; repas médiocre à notre goût, mais dernier mot de la **gastrono-**

mie arabe, et somptueux en tout cas par l'abondance.
Les soldats de l'escorte sont conviés aux restes du festin
qui nourriraient cent hommes. Après qu'on a fumé,
qu'on a bu le café, il s'agit de partir : faut-il des guides,
des éclaireurs, des courriers en avant? tout est offert
avec instance, exécuté à la minute; on se retire
frappé du caractère patriarcal de cette hospitalité,
la plus simple et la plus grandiose qu'il soit possible
d'imaginer.

A son tour le grand chef arabe vient-il rendre visite
au général français, soit à son camp, soit dans le chef-
lieu de son commandement, il traverse les avant-postes,
franchit l'enceinte, arrive jusqu'à la demeure du général, sans avoir recueilli sur son passage aucune
marque d'attention, aucun signe de bienveillance. A
la porte même du commandant supérieur, qu'on sup-
pose occupé d'autre soins, un planton ou un fac-
tionnaire n'entendant pas grand'chose à la distinction
des rangs parmi les indigènes, et sachant encore moins
les discerner, prend sur lui de faire attendre ces Arabes;
en sorte qu'on voit les plus grands seigneurs du pays
s'asseoir tranquillement par terre, à l'ardeur du soleil,
et patienter ainsi une heure ou deux. Enfin les voilà
introduits, ou plutôt le général est venu s'entretenir
dehors avec eux, car sa tente, et quelquefois même son
salon, ne lui permettent pas de recevoir ensemble une
quinzaine de personnes. Par ce motif et par un autre,
qui sera signalé plus bas, tout ce monde l'embarrasse.
Il invite à dîner (pour son heure habituelle, bien entendu,) le personnage principal et deux ou trois de

ceux qui l'ont suivi. Quant aux autres, ils s'arrangeront pour vivre. Personne ne s'en occupe, non plus que des chevaux. Si ces derniers n'ont point apporté leur provende, ils jeûneront, ma foi !

Comparez et jugez. De quel côté se trouve le sentiment des bienséances, la grandeur des manières, en un mot : l'attitude de la supériorité?

Qui faut-il accuser d'un état de choses si contraire à notre dignité nationale? — Les commandants supérieurs? — Les officiers chargés des affaires arabes? — Hélas! Il est bien avéré que les uns et les autres dépensent à ce beau métier tous leurs appointements qui sont ceux du pied de paix, tous leurs frais de représentation dont l'institution d'ailleurs est récente, et que la fortune personnelle du plus grand nombre y passe encore par dessus le marché.

Dans les questions pécuniaires nous ne savons jamais être grands ; nous ne savons pas même être justes.

On se plaint que tous les chefs arabes se livrent à d'effrayable exactions. On les révoque pour ce fait et leurs successeurs les imitent. Cette persistance est significative.

En voici le sens : Douze, quinze mille francs que nous allouons à nos aghas et à nos khalifas ne sont rien dans le gouffre de leurs dépenses obligatoires. Leur tente est sans cesse entourée de cavaliers nombreux qui vivent à leurs frais ; leur influence ne se maintient que par la corruption ; leur luxe d'armes, de chevaux, de harnachement est indispensable et ruineux, l'usage leur impose en mille circonstances une générosité orientale, et toujours l'hospitalité sur la plus grande échelle. Ce sont de petits suzerains du moyen-âge.

Qu'arrive-t-il? Le chef arabe supplée à l'insuffisance de ses moyens par des dilapidations dont l'usage consacré l'empêche de rougir ; le chef français demeure probe, mais il étale sa misère.

Dernièrement une gazette anglaise a donné ces détails et beaucoup d'autres, du même genre, avec une vaniteuse amertume. Le fait est que la magnificence du gouvernement britannique, dans les Indes, offre un humiliant contraste, et qu'on ne peut pas nous accuser de nous traîner à sa remorque en cette occasion.

On usa beaucoup de gouverneurs pendant les dix premières années. Aucun ne réussissait. La raison était simple : aucun ne possédait les éléments de succès les plus indispensables.

Mais, dira-t-on, pourquoi n'appréciaient-ils point avec exactitude, pourquoi ne réclamaient-ils point avec énergie ce déploiement de forces, auquel la France a bien su se résigner plus tard, quand elle en a reconnu le besoin ?

Sans doute, il leur appartenait d'agir ainsi ; mais un motif les retenait peut-être : l'ignorance absolue des intentions réelles du gouvernement sur l'Algérie. Et le gouvernement à son tour eût été fort en peine de les renseigner. Il n'était pas lui-même décidé sur cette question capitale : fallait-il conserver ou non la conquête ?

Trait caractéristique ! ue question si haute ne fut

point discutée, résolue au fond d'un cabinet, par des hommes politiques, froids et sensés. Elle fut dominée par l'opinion des rues qui se croyait sans doute plus instruite que les savants, mieux informée que les ministres, meilleur juge que les hommes d'état. Plusieurs brochures follement enthousiastes avaient tourné presque toutes les têtes : on voyait déjà l'Algérie redevenue le *grenier de Rome;* bien plus, l'imagination la couvrait de plantes intertropicales, et lui faisait détrôner ainsi toutes les colonies du monde. Outre les promesses fabuleuses de cette terre privilégiée, un instinct national de conservation s'éleva, d'autant plus âpre en sa faveur, qu'on parut au dehors nous l'envier davantage. Nulle sagesse n'a raison contre un sentiment populaire.

L'opposition accusait le gouvernement de vouloir vendre l'Algérie à l'Angleterre. Rien ne contribua peut-être autant à nous y maintenir.

Fut-ce un bien? fut-ce un mal?

C'est à quoi l'on ne répondra guère, en connaissance de cause, avant la fin du siècle. Au point où en est l'équilibre entre les nations de l'Europe, l'Algérie peut devenir un poids qui fasse pencher à jamais le plateau du côté de la France; mais, jusque là, c'est un boulet qu'elle traîne à son pied.

Une première incertitude en amène bien d'autres. Après celle du maintien de la conquête, venait celle des limites à lui donner. Occuperait-on toute la côte, ou seulement certains points, et quels points? S'étendrait-on dans l'intérieur? Où? Comment? A quelle profondeur? Voilà sur quoi l'on discutait. Car cette domination directe et générale, depuis la Méditerranée jusqu'au désert qui est le fait actuel : personne encore n'y songeait, ou n'osait en parler.

————o o————

On s'ingéniait de mille façons pour arriver autrement que par la force à l'exercice d'une influence souveraine sur les populations arabes.

La *fusion* devint à la mode.

Comme le barbare ne se pressait pas beaucoup d'imiter le civilisé, ce fut ce dernier qui singea l'autre pour lui donner l'exemple. La Mitidja devint surtout le théâtre des métamorphoses. Plusieurs de nos officiers s'y transformèrent en aghas, caïds, etc. Les plus ardents se convertirent à l'Islam, se marièrent devant le cadi ; d'autres se contentèrent d'un grand luxe de burnous, de serrouals, de yatagans, d'une absorption considérable de piment et de couscoussou. Il fallait voir les poses théâtrales, la gravité d'emprunt, surtout quand on se trouvait en présence des originaux. Malheureusement le langage n'était point encore à la hauteur du jeu muet, et souvent il en est résulté des quiproquos grotesques.

Ce goût de mascarade fit des prosélytes en dehors de l'armée, et par conséquent en dehors de toute espèce d'utilité possible. Des jeunes gens qui avaient suivi leurs papas en Afrique, endossèrent le costume des Maures, c'est-à-dire des épiciers du pays. On les voyait partout dans ce bel équipage... même à la messe ! Il y en eut un qui gagna de la sorte beaucoup de ridicule et la croix.

On découvrit une autre panacée. Elle consistait à imiter le *système des Turcs,* à gouverner comme les Turcs. Quand les généraux se plaignaient de l'insuffisance de leurs forces, ou de l'esprit hostile des Arabes, en un mot, des difficultés, des embarras qui surgissaient à chaque pas ; on leur répondait de Paris : Les Turcs n'étaient pas plus de douze mille, et ils dominaient l'Algérie. Faites comme les Turcs.

Pour faire comme les Turcs, la première condition eût été d'être Turc : c'est-à-dire de professer la foi musulmane, d'agir au nom d'un souverain légitime et religieux, de posséder enfin la consécration du temps. Trois choses impossibles.

Après tout, ce gouvernement turc que l'on a beaucoup trop vanté n'avait trouvé d'autre secret que celui de se perpétuer lui-même en tarissant toutes les sources de prospérité publique. Sur une moitié du territoire, son autorité n'était que nominale ; sur l'autre, elle était tyrannique. Le bel exemple à proposer !

———◦◦———

Mais revenons aux gouverneurs.

Des amis passionnés du duc de Rovigo l'ont représenté comme un homme à politique profonde mais peu scrupuleuse, et qui n'eût reculé devant aucune espèce de moyens pour arriver au but. La mort ne lui laissa pas le temps de justifier ou de démentir ce portrait médiocrement flatteur, en sorte qu'il est bien permis de révoquer en doute sa ressemblance. Une ou deux arrestations ménagées avec art, le massacre de la tribu d'El-Oufia, et une certaine hardiesse de langage constituèrent les principaux titres du duc de Rovigo à cette réputation machiavélique.

Sous ce rapport, la transition fut brusque de lui à M. le lieutenant-général Voirol ; car ce dernier était la droiture même. Il mit beaucoup de zèle à continuer les belles routes ouvertes par son prédécesseur. Il combattit peu les Arabes, mais il faillit se battre avec son Intendant civil.

— L'Algérie commençait à renfermer en dehors de l'armée, douze à quinze mille Européens très mélangés, la plupart débarquait de France, d'Espagne ou d'Italie pour essayer sur un sol vierge, et en présence d'un pouvoir novice, certaines industries douteuses, sous les rubriques de grande spéculation et de petit commerce. A peine eut-on constaté la présence de ces douze à quinze mille *citoyens*, qu'il parut convenable de les arracher au *despotisme du sabre*, de leur donner des garanties. En conséquence, l'on imagina de scinder le pouvoir entre deux chefs, l'un militaire, l'autre civil ; c'est-à-dire : gouverneur et intendant.

A la première occasion, le civil se moqua du militaire, le militaire proposa la botte au civil ; et le duumvirat fut aboli.

Il resta comme produit de son règne si court une liasse d'arrêtés qui suffirait à la police de trois empires. Inexécutés dès le principe, ou tombés en désuétude, par de bonnes raisons, ces arrêtés ne servent aujourd'hui qu'à enrichir l'arsenal effrayant de la chicane algérienne.

Le comte d'Erlon fut gouverneur de l'Algérie : c'est à-peu-près tout ce qu'on en peut dire.

A cette époque, et même longtemps plus tard, on se figurait atteindre quelque résultat par de petites escarmouches dans la plaine, aux environs de Boufarik. Un général qui sortait toutes les semaines, à une ou deux lieues du camp, pour échanger un certain nombre d'obus contre un certain nombre de balles, appelait cette opération : *envoyer sa carte aux Hadjoutes.*

Les cavaliers arabes ne se seraient jamais lassés de ce jeu-là. Il était dans leurs mœurs et la connaissance du pays leur en donnait tout l'avantage. Quant à nous, regrettons le sang héroïque inutilement versé dans une guerre chevaleresque digne du moyen-âge.

Le retour du maréchal Clausel imprima de l'ardeur aux entreprises coloniales : elles se répandirent, et il eut l'imprudence de les laisser répandre à des distances de la capitale où la sécurité ne reposait sur aucune base solide.

Ce gouverneur peut revendiquer la gloire d'avoir montré le premier nos drapeaux à presque toutes les villes importantes de l'Algérie : Oran, Blida, Médeah, Mascara, Tlemcen et enfin Constantine où il échoua cruellement. Heureux et brillant capitaine, sa carrière se ferma sur un désastre. L'opinion courtisane du succès lui fut impitoyable. Nos armes n'étaient guère plus heureuses à l'autre bout de l'Algérie. Le général d'Arlanges, battu dans les montagnes des Traras, restait bloqué à l'embouchure de la Tafna.

Ces deux affronts furent lavés avec éclat. Le combat de la Sikkah, le plus décisif qui eût été livré aux Arabes, fit pressentir ce que l'Algérie pouvait attendre un jour de M. le général Bugeaud, et la France accueillit avec enthousiasme les bulletins victorieux de la seconde expédition de Constantine. Sous les murs déjà foudroyés de cette place, périt de la plus belle des morts le comte Denys de Danrémont, avant que l'on eût pu le juger tout-à-fait, soit comme gouverneur, soit comme général en chef.

De ces derniers faits il ressort une conséquence assez étrange : c'est que, pendant les dix premières années de l'occupation, nos échecs ont plus contribué que nos succès à nous faire entrer dans la voie d'une conquête définitive. En effet, chaque revers arrachait immanquablement à l'amour-propre national les ressources nécessaires pour une digne vengeance, et ces nouvelles forces, une fois engagées dans la question, n'en pouvaient plus être distraites.

Ce fut ainsi que l'armée passa graduellement des dix-sept mille hommes du premier effectif normal à plus de trente-cinq mille hommes, et que l'évidence d'une véritable lutte nationale, engagée par Abd-el-Kader, fit doubler ce dernier chiffre.

Quatre épisodes surtout : le désastre de la Macta, le blocus du camp d'Arlanges, la retraite de Constantine et les dévastations de la Mitidja en 1839, se gravèrent profondément dans l'opinion publique. La frivole confiance, les rêveries creuses commencèrent à pâlir devant ces éclairs sombres, livrant désormais le passage aux lumières de la raison et de la vérité.

1840-1846.

————○○————

Ce n'est point une exagération d'affirmer que la conquête de l'Algérie se trouvait moins avancée au commencement de l'année 1840 qu'au mois de juillet 1830.

D'une part, il est vrai, nous nous étions établis définitivement sur plusieurs points de la côte : Oran, Bone, Bougie ; mais ces occupations complétaient seulement la conquête sur les Turcs, il en restait toujours une autre à faire, plus difficile, plus étendue, non moins indispensable : la conquête sur les indigènes. Or, les difficultés de celle-ci s'étaient singulièrement accrues pendant les neuf années de notre inaction, de notre incertitude et de nos fautes.

Le double fait de la chute des Turcs et de l'horreur qu'inspiraient les prétendants à leur succession, avait fait germer peu à peu dans l'âme des tribus le sentiment de leur nationalité commune : notre inattention lui permit de grandir avec cette rapidité propre à la

nature méridionale, et quand il frappa nos regards, déjà
c'était un arbre aux racines profondes, couvrant de
ses rameaux les deux anciens beyliks de Titteri et
d'Oran. '

Alors Abd-el-Kader jetant le masque, nous laissa voir
le fanatisme opiniâtre, l'ardente ambition, la haine im-
placable du nom chrétien qui devaient rayonner désormais sur sa grande figure historique. A son puissant
appel, au cri de guerre sainte, tout ce qu'il y eut de
cavaliers dans toutes les tribus arabes fut à cheval. Les
Goums lancés du fond de la province d'Oran entraînèrent à leur passage ceux de la longue vallée de Che-
liff, et vinrent en rallier d'autres dans le Titteri, puis
dans la Mitidja.

Cette masse de vingt mille cavaliers, pleine d'ardeur,
pleine de foi dans ses prophéties espérait, avant peu,
faire boire ses chevaux aux fontaines d'Alger.

En attendant, maîtresse de la Mitidja qu'elle avait
inondée, elle en massacrait les colons européens, et dé-
truisait de fond en comble tous leurs établissement. Des
bandes audacieuses qu'elle détachait dans le Sahel y
semaient le deuil et l'épouvante, malgré les camps nombreux et les postes intermédiaires qu'on se hâtait d'y
établir. Personne ne pouvait plus s'aventurer sans armes en dehors des murailles d'Alger ; à une lieue, cette
précaution n'était plus suffisante, il fallait voyager en
nombre ; à deux ou trois lieues, l'escorte militaire devenait de rigueur. Cet état de choses dura jusqu'à la fin
de l'année 1840, quoique le grand tourbillon d'ennemis eût, depuis plusieurs mois, évacué la plaine ; mais

beaucoup de brigands séjournaient encore dans les mille retraites du pays devenu désert, et l'impression d'une immense terreur s'effaçait lentement.

Crise neuve autant qu'effrayante ! Jamais l'antipathie naturelle des Arabes n'avait fait explosion de la sorte. Jusqu'alors, ils avaient essayé de se soustraire à notre influence, tout-à-coup ils ne prétendaient rien moins que nous rejeter dans la mer.

D'où leur était venu tant d'audace ?

Les Arabes, a-t-on dit, ne comprennent absolument que la force : ils traitent la clémence de faiblesse, la longanimité d'impuissance. Que ces préjugés soient chez eux un trait du caractère national, indélébile comme lui, ou, plus probablement, le fruit d'une triste expérience acquise à l'école brutale du gouvernement turc, il n'importe : le fait existe.

Cette défiance instinctive du pouvoir se révèle en toute chose : c'est elle qui conseille d'amasser et d'enfouir en mémoire des rapines et des exactions passées ; c'est elle qui perpétue l'insoumission des révoltés, après l'heure du repentir, en leur montrant un piège sous nos promesses de pardon ; c'est elle, enfin, qui avait popularisé ce raisonnement parmi toutes les tribus de l'Algérie : « L'infidèle, établi depuis dix ans sur nos « rivages en la place des Turcs, ne nous a point en- « core écrasés sous le poids de sa force : donc, la force « lui manque. »

Voilà ce que les barbares comprenaient à nos belles utopies d'influence morale, d'assimilation et de conquête pacifique.

Le maréchal Valée n'eut pas toutes les qualités d'un général, il eut les principales d'un gouverneur.

— Sous le premier rapport, sa grande expérience, son sang-froid, son esprit d'ordre et de ressources, la sagesse, l'ensemble et l'étendue de ses conceptions, l'élevaient bien au-dessus de la ligne commune. Malheureusement, au dire des meilleurs militaires, il lui manquait, sur le champ de bataille, cette promptitude de coup-d'œil, cet élan d'exécution que la guerre contre les Arabes exige à un plus haut degré qu'aucune autre.

Au reste, la lenteur méthodique semblait un défaut inhérent presque à tous les généraux ou colonels de cette époque, soit qu'ils en eussent pris l'habitude dans les manœuvres compassées des camps, soit qu'ils la dussent à une pratique trop routinière des opérations de l'Empire où la qualité de l'ennemi nécessitait une régularité beaucoup plus grande. Toutefois, l'armée faisait à cet égard quelques exceptions brillantes en faveur d'officiers supérieurs rapidement grandis à l'école de la guerre d'Afrique. C'étaient les colonels de Lamoricière, Changarnier, dont les régiments populaires, *zouaves* et 2ᵉ *léger*, inaugurèrent l'ascendant perpétuel de nos manœuvres offensives ; c'étaient le lieutenant-colonel Bedeau, le chef de bataillon Cavaignac ; c'étaient enfin, dans des rangs subalternes, les capitaines Renault, Mac Mahon, Ladmirault, Leflo ;

Saint-Arnaud, tous généraux ou colonels aujourd'hui et demeurés fidèles à la guerre d'Afrique.

— En qualité de gouverneur, le maréchal Valée eut la gloire de fixer une partie de la politique algérienne, et d'introduire le premier son pays dans une voie dont il ne devait plus sortir. Les idées de propagande et de fusion disparurent, on ne parla plus que de réaliser la conquête par la force. L'aggrégation nationale des Arabes fut jugée sans retour ; on s'imposa, pour but de la guerre, sa destruction et la déchéance de l'émir. Toutes les négociations avec les indigènes nous avaient desservis ; elles ne furent, dorénavant admises que sur le pied de vainqueur à vaincu.

L'heureuse étoile du maréchal Valée lui fit rencontrer, dans le chef du cabinet de cette époque, une intelligence assez vaste pour embrasser et la portée du mal et la grandeur des remèdes nécessaires ; un esprit, en même temps, assez pratique pour ne conserver dans sa main que la direction supérieure des affaires, et livrer à son principal agent toute l'initiative de l'exécution.

Jamais gouverneur, en effet, n'eut des prérogatives plus illimitées ; aucun ne se vit mieux soutenu par son gouvernement. La presse dirigea contre lui des attaques violentes, lui reprochant, avec amertume, les fautes imputables à ses prédécesseurs, exagérant, de parti pris, celles qu'il avait pu commettre lui-même, ne lui tenant compte ni du revirement qu'il avait opéré dans la question, ni d'une probité sévère, ni d'une vie laborieuse, ni d'une inébranlable volonté. Le maré-

chal Valée put opposer à ces attaques un silencieux dédain : il était fort de la confiance du ministère et ne
succomba qu'après lui.

———◦———

Les opérations de cette époque consistèrent dans la
prise de Blida, de Coleah, de Médeah, de Miliana (1),
et dans les ravitaillements des deux dernières places.

Quelques murailles en mauvais état défendaient ces
petites villes contre les incursions de leurs dangereux
voisins : un tel obstacle n'était pas même digne du canon de campagne que nous avions traîné péniblement
à travers un pays où quelques sentiers de mulets se dessinaient à peine. Partout nous entrâmes sans coup
férir.

Alors éclatèrent aussi, pour la première fois, les
manœuvres évasives et religieuses de notre ennemi. En
abandonnant des cités qu'il ne pouvait défendre, Abd-
el-Kader emmenait de force, avec lui, tous leurs habitants éplorés pour les soustraire au joug de l'infidèle.

L'Arabe ni le Kabyle ne savent point combattre derrière des murailles. C'est aux Turcs que sont dues les
défenses d'Alger, de Constantine. Mais l'Arabe et le Kabyle, excellent dans la guerre de partisans, dans l'emploi de l'embuscade, dans la chicane détaillée du sol.
Aussi, tirèrent-ils un excellent parti des fortes positions

_____

(1) Ajouter pour mémoire celle de Gigelly, opération secondaire et d'une
utilité relative fort contestable.

que la nature avait semées sur la route de nos colonnes.
Le Tényah-de-Mouzaïa, le Chaba-el-Quotta; d'autres
fois, le Nador, le Bois-des-Oliviers, le Gontas, le gué
de l'Oued-Ger, furent le théâtre de combats très vifs
qui nous coûtèrent souvent deux cent cinquante à trois
cents hommes. Si toutes ces affaires constataient la supériorité de nos armes, aucune, cependant, n'offrait
un résultat bien décisif; et, de part et d'autre, on s'attribuait la victoire, peut-être avec une égale apparence
de raison. Ceci mérite un mot d'éclaircissement.

Selon l'acception européenne du mot, et au point de
vue stratégique, la victoire consiste essentiellement dans
la possession de l'objet en litige. Elle est attachée, par
exemple, au gain d'un champ de bataille, à l'enlève-
ment d'une position ou d'un passage, à l'entrée d'un
convoi dans une place, etc. L'évaluation des pertes
éprouvées ne vient ordinairement qu'en seconde ligne.
Pourtant, on ne peut manquer non plus d'y avoir gran-
dement égard. — « Si Dieu nous fait la grâce de perdre
« encore une pareille bataille, votre majesté peut
« compter que ses ennemis sont détruits. » Voilà ce que
Villars écrivait à Louis XIV, au sujet de sa défaite de
Malplaquet, où les vainqueurs avaient eu 35,000 hommes hors de combat. — On pourrait définir logique-
ment la victoire : un rapport entre la valeur du succès
et le prix qu'il a coûté.

Or, le moyen de s'entendre sur le résultat de la com-
paraison, quand on ne tombe d'accord sur aucun des
termes qui la constituent. C'est précisément là ce qui
arrivait entre les Arabes et nous.

Ainsi, nous attachions une grande importance à la prise de Médeah, de Miliana, dans un but ultérieur que l'ennemi ne distinguait point, et le fait en lui-même l'impressionnait fort peu, à cause de l'indifférence dédaigneuse dont il enveloppe, en général, toutes les villes et leurs habitants.

Ce qu'il trouvait de plus agressif dans ces opérations, c'était le passage de nos colonnes sur son territoire, car il coûtait beaucoup à son orgueil d'écarter momentanément sa famille, sa demeure, ses troupeaux. Aussi était-ce là, pour lui, le terrain du combat; là qu'il nous attendait en armes dans les passages difficiles.

En second lieu, l'évaluation comparative du sang versé penchait-elle en notre faveur? Il est bien permis d'en douter, malgré l'assertion habituelle des bulletins, èt sans les accuser de mauvaise foi, mais seulement d'erreur. Qu'on veuille bien réfléchir que nous combattions toujours *en marchant*, sur un sol accidenté, très bien connu de l'ennemi; que celui-ci, embusqué dans des positions d'où, le plus souvent, on ne le délogeait point, attendait, à l'abri, le passage d'une colonne compacte, ou suivait, en s'éparpillant, de buissons en buissons, une arrière-garde toujours contrainte à parcourir, dans sa retraite, des terrains découverts. Franchement, avec des conditions pareilles, de quel côté devait-on s'attendre à compter les pertes les plus considérables?

Cependant, chacun des chefs triomphait à son point de vue :

Le général français écrivait au ministre : — Je me

suis mis en marche sur Médeah ; l'ennemi a tenté vainement de *s'opposer à mon passage.* Mes troupes lui ont enlevé les positions du Col, après un combat très brillant. — A mon retour, l'arrière-garde, serrée de près depuis sa sortie du Bois–des–Oliviers, *s'est maintenue* avec ordre, de positions en positions, pendant que le convoi défilait.

Ces deux affaires très honorables pour nos armes nous ont coûté, la première 300 hommes, la seconde 250. Les pertes de l'ennemi *ont dû* s'élever beaucoup plus haut.

Abd-el-Kader, de son côté, disait aux guerriers des tribus, Mouzaïas, Soumatas et autres : — L'infidèle a violé deux fois votre sol, et, par deux fois, *vous l'en avez chassé. Vous l'avez poursuivi* jusqu'en dehors de vos montagnes, et même jusque sous les murs de Blida. Dans sa fuite, *il a laissé beaucoup de cadavres* en notre pouvoir, et combien ne survivront pas, parmi tous ces blessés qu'il emmène à dos de mulets. Enfin, vous n'avez à regretter de votre côté, qu'un petit nombre de braves : ceux-là sont des *Medjehad* (1).

———————

Par suite des obsessions continuelles de l'ennemi et des embarras du convoi, les marches s'opéraient avec une extrême lenteur. On mettait six journées au moins pour atteindre Miliana, et deux ou trois passées devant

---

(1) Tués dans la guerre sainte, et admis au ciel comme martyrs de la foi.

ses murs portaient à une quinzaine la durée du ravitaillement. Le corps expéditionnaire étant d'ailleurs assez
considérable (environ 8,000 hommes), consommait,
dans l'opération même, une partie des vivres transpor-
tés, en sorte qu'il restait peu de chose pour approvi-
sionner les places. De là vint l'expédient fâcheux d'y
laisser de très faibles garnisons, tout juste suffisantes
au maintien du poste, mais hors d'état de rien entre-
prendre dehors. Déplorables par leur misère, ridicules
par leur impuissance, elles mouraient de faim, tandis
que de leurs postes extérieurs, on entendait le chant
du coq, on voyait de nombreux troupeaux dans les tribus voisines.

Le maréchal Valée se proposait, indubitablement,
d'établir, par la suite, à Médeah et à Miliana, des centres d'opérations offensives ; mais il n'entrevoyait cette
possibilité que dans un avenir lointain, quand les magasins de ces places pourraient suffire à tous les besoins
d'un corps considérable. Trop exclusif dans ses prévisions administratives, il ne se reposait point assez sur la
guerre, du soin de nourrir la guerre ; il n'imaginait pas
qu'une colonne de trois à quatre mille hommes eût trouvé
le moyen de vivre, au moins en partie, sur les populations environnantes, et n'eût pas exigé plus de ravitaillement que la *garnison prisonnière* de mille à douze
cents hommes.

Ce manque de hardiesse reculait bien loin le moment
où les occupations de Médeah et de Miliana devaient
nous rendre des services signalés.

Telle était la situation, quand l'ordre le plus inat-

tendu vint rappeler le maréchal Valée, lui désignant
pour successeur, M. le lieutenant-général Bugeaud.

Aucun homme politique, en France, ne comptait
autant d'ennemis personnels que le nouveau gouverneur.

D'abord, les deux partis légitimistes et républicains
tout entiers, plusieurs nuances du juste-milieu ou des
conservateurs; enfin, la presse en masse. Ce n'est point
ici le lieu de remonter aux sources de ces haines : tout
ce qu'on peut dire, c'est qu'étrangères à la question
d'Afrique, elles n'y auraient dû ni poursuivre le député
qui s'isolait de la politique du jour, ni entraver le général qui tenait dans ses mains les grands intérêts du
pays. Cependant, leur violence n'attendit même pas
l'occasion de se manifester, elle devança les faits; et,
par une coïncidence bizarre, celui qui devait accomplir, consolider la conquête de l'Algérie, fut annoncé
comme ayant reçu la mission secrète de l'amoindrir et
même d'en préparer l'abandon.

Dès son arrivée, M. le général Bugeaud se crut obligé
de démentir ces bruits par une proclamation, tant était
grande l'alarme qu'ils avaient répandue dans la colonie.

En France, l'opinion se prononçait différemment :
elle semblait dominée par un nombreux parti qui voulait, si non l'évacuation, au moins une *occupation restreinte*. Le rappel du maréchal Valée lui comptait pour

une victoire, et M. le général Berthois recevait la mission d'élever, dans la Mitidja, son *obstacle continu*.

※

L'occupation restreinte et l'obstacle continu formaient un système complet qui, pour être tombé dans l'oubli et presque dans le ridicule, ne mérite pas moins une digression, à cause de l'appui que lui prêta l'opinion et surtout l'opinion de Paris. Cette force morale fut assez grande pour obliger un gouverneur, hostile à ce projet, d'en subir l'exécution, et de consumer une partie de ses troupes sur des travaux malsains, tandis qu'avec le reste il portait l'offensive à cent lieues de là.

L'obstacle continu n'était autre chose qu'un fossé d'une vingtaine de lieues qui, reliant Coléah, Blida et la Maison-Carrée, aurait englobé de la sorte autour d'Alger, un territoire d'une soixantaine de lieues superficielles. La prétention des ingénieurs était d'y assurer une sécurité complète par le moyen de ce fossé, des blockhaus qui l'auraient jalonné de 500 en 500 mètres, et d'un certain nombre de camps situés en arrière.

Il est certain que deux factionnaires en permanence par blockhaus, un sur chaque face latérale, pouvaient découvrir, *pendant le jour*, toute tentative de passage, et l'arrêter à coups de fusil ou donner au moins l'alarme aux camps intérieurs. Mais, *pendant la nuit*, que devenait cette surveillance? Qui empêchait l'ennemi d'escalader l'obstacle, d'y pratiquer, en quelques heures, des rampes grossières suffisantes pour le passage de ses chevaux, de porter rapidement la mort et l'incendie dans les habitations les plus voisines, d'enfumer les blockhaus, ou de les faire sauter à la mine. On faisait bon marché de tous ces moyens d'attaque, parce que les Arabes ne les avaient point employés. Singulier gage de sécurité! Comme si la désertion d'un homme, ou seulement une haine ingénieuse, n'eussent pas, tôt ou tard, dissipé cette ignorance des plus simples pratiques de la guerre. Oublie-t-on que l'émir avait su se créer une petite artillerie de montagne? De quoi ne fût-il pas devenu capable après notre abdication en sa faveur?

L'occupation restreinte n'était pas autre chose au fond, et, en cela précisément, elle fourmillait d'écueils pour notre politique. Un grand état arabe allait se constituer sous nos yeux. Abd-el-Kader, déjà maître des tribus de l'ouest et du centre, devait rallier bientôt celles de l'est, et cerner, de toutes parts, nos établissements disséminés. Il devenait, par rapport à nous, un souverain indépendant : car, prétendre l'asservir, c'était retomber dans cette conquête générale qu'on voulait éviter. Or, dans quel embarras ne nous eût pas jeté notre adversaire, soit en se rattachant à la Turquie, soit, surtout, en sollicitant le protectorat de l'Angleterre.

Mais évaluons l'effectif qu'eût nécessité ce système si défectueux. Soit 200 le nombre des blockhaus espacés le long de l'obstacle continu, en tenant compte des par-

ties accidentées. Qu'on fixe à 6 heures la faction journalière de chaque homme, qui aurait eu de plus,
dans une escouade isolée, quelques corvées pénibles.
A raison de deux factionnaires par blockhaus, un chef
de poste, un homme de soupe, on trouve dix hommes
de garde en chaque point, ou 2,000 hommes pour toute
la ligne. Qu'on alterne seulement par moitié le temps
de garde et celui de repos, voilà 4,000 hommes, c'est-
à-dire dix bataillons, car en Afrique un bataillon ne
fournit guère plus de 400 baïonnettes actives, pour un
service continu, même beaucoup moins rude, moins
nostalgique et moins malsain que celui des blockhaus.
En ne portant qu'à deux bataillons l'effectif de chacun des camps situés en seconde ligne, et ne les comp-
tant qu'au nombre de deux entre Coleah et Blida, de
quatre entre Blida et la Maison-Carrée, on trouve encore là douze bataillons. Restent les garnisons indispensables d'Alger, de Coleah, Blida, Boufarik, etc., qui
donnent encore pour le moins huit bataillons. Total :
trente bataillons.

Ainsi, dix régiments d'infanterie, de l'artillerie, de
la cavalerie en proportion, beaucoup de train des équi-
pages, pour ravitailler tant de points : voilà ce qu'eût
exigé l'occupation improductive d'une étendue de territoire comparable à celle d'un arrondissement français.

En outre, les motifs qui nous ont obligé de prendre
Arzew, où Abd-el-Kader eût appelé le commerce étranger, et Bougie, où l'on signalait des restes de pira-
terie, ces motifs nous eussent amenés sur les divers
points de la côte que nous occupons aujourd'hui ; et ,

adoptant partout, dans des proportions plus restreintes, le même mode de défense, embrassant une trentaine de lieues à Oran et à Bone; huit ou dix à Cherchell, à Mostaganem, à Arzew; trois ou quatre à Bougie et à Gigelly; nous en fussions venu à morceler, en fractions immobiles et impuissantes, une armée aussi forte que celle qui a obtenu et consolidé la domination complète.

L'amour-propre national s'élevait plus haut encore que la raison contre l'occupation restreinte. Etait-ce un rôle digne de la France, que cette imitation en grand des *Présides espagnols ?*

Une race abâtardie, pusillanime et impropre à la guerre, entasse obstacle sur obstacle autour de son propre pays, pour éviter les coups d'un voisin trop guerrier; mais cette attitude convient-elle au peuple conquérant qui vient chercher fortune sur le sol étranger? Avions-nous besoin d'acquérir des lambeaux de territoire sur la côte d'Afrique, si c'était pour y renfermer quelques colons tremblants et des soldats inoffensifs?

D'ailleurs, les économistes demandaient quel asile ces étroits espaces pourraient offrir à notre population exubérante, et quels débouchés on ouvrait à notre commerce en s'isolant des indigènes ?

Le système, de *l'occupation étendue*, était seul digne de la France qui ne pouvait, aux yeux de l'Europe, reculer devant une menace des barbares; — seul conforme aux véritables principes de la guerre : car ils proscrivent, autant que possible, les défensives abso-

lues ; — seul imbu des saines idées d'économie politique : parce qu'il rendait tout un peuple tributaire de
notre commerce, augmentait et variait nos productions
par quantités notables, enfin, préparait au trésor d'importantes rentrées, par l'impôt et les droits appliqués
sur une grande échelle.

Avons-nous bien taillé nos plumes avec nos sabres ?
disait Lannes à un diplomate, après la bataille d'Austerlitz.

Il en arriva de même ici. Pendant qu'on discutait
sur les deux genres d'occupation, la conquête entière
s'accomplissait. Une fois entreprise et menée de main
de maître, elle fut l'affaire de deux années.

Le nouveau général en chef apportait une réputation
acquise dans les rudes campagnes de l'armée d'Aragon,
accrue par le brillant combat de l'Hôpital, et popula-
risée en Algérie, par celui de la Tafna.

Son secret infaillible fut de tout ramener aux éternels
principes de la stragégie. Frapper l'ennemi organisé
dans ses bases d'opérations, dans ses points d'appui
politiques. Atteindre les populations en armes dans
leurs intérêts matériels.

La puissance de l'émir reposait essentiellement sur
les tribus centrales de la province d'Oran, les plus riches, les plus nombreuses, les plus guerrières du pays.
C'était dans la province d'Oran que nous devions porter le poids principal de nos armes. L'occupation ac-

tive de Mascara dût préparer leur concentration : mais il fallait d'abord compléter les approvisionnements de Médeah, de Miliana; il importait aussi d'anéantir les magasins et les dépôts qu'Abd-el-Kader s'était créés au fond de la province de Titteri, à Boghar, à Taza. Ces diverses opérations furent confiées à des colonnes beaucoup plus légères, beaucoup plus rapides que celles des campagnes précédentes; et, cependant, elles n'éprouvèrent que des pertes insensibles, parce qu'une tactique nouvelle présidait à leurs mouvements : *s'arrêter pour combattre, employer le retour offensif.*

Enfin, s'exécuta la grande manœuvre qui devait démolir, pièce à pièce, l'édifice d'Abd-el-Kader. Nos forces condensées dans la province d'Oran imposèrent à ces mêmes populations qui avaient vu naître et proclamé l'émir. Des Hachems, des Medghers, des Beni-Amers, etc., vint l'exemple de la soumission, comme était venu celui de la résistance; et la colonne du gouverneur, remontant la vallée du Chéliff, prit à revers, une à une, toutes les autres tribus.

La conquête de la plaine, la conquête sur les Arabes, devenait à-peu-près complète; mais il restait, dans les âpres montagnes, telles que l'Ouarancenis et le Dahra, de vivaces foyers d'indépendance auxquels jamais les Turcs n'avaient osé toucher. Ils furent éteints, grâce à l'énergie de nos troupes, et surtout à l'emploi d'un système d'offensive introduit également par M. le général Bugeaud; celui des *colonnes multiples* qui, jetant une égale inquiétude parmi toutes les fractions des montagnards, les empêchait de rallier sur aucun point, leurs forces imposantes , et les obligeait toutes à traiter avec nous séparément.

Quant au mode d'action partielle sur les tribus, il consistait dans la *razzia*, c'est-à-dire dans l'unique moyen d'atteindre leurs intérêts matériels.

On peut regarder la *razzia* comme l'agent principal de notre conquête en Afrique. Sans elle, nous eussions pu vaincre Abd-el-Kader; sans elle, nous n'eussions jamais soumis les populations restées insaisissables. Cependant, les critiques de Paris la condamnèrent : avant l'épreuve, comme *insignifiante;* quand elle eut réussi , comme *inhumaine.*

Ces deux jugements n'étaient pas plus sensés l'un que l'autre.

La guerre des nations civilisées diffère précisément de celles des barbares en ce qu'elle n'a pas pour but de satisfaire un tempérament belliqueux, mais d'atteindre un but positif. *Courte et bonne,* telle est sa devise. L'expérience a prouvé que les peuples souffraient beaucoup moins du conflit le plus opiniâtre réduit à un petit nombre d'années, que de ces interminables hostilités d'autrefois qui duraient trente ans, cinquante ans, quelquefois même un siècle sans interruption , et dont l'interruption n'était encore qu'une trêve éphémère.

Cette vérité trouve, en Algérie même, une éclatante application. La plaine de la Mitidja, théâtre de combats stériles et continuels pendant l'espace de dix ans, était devenue complètement déserte dès 1840, tandis que la vigoureuse offensive, les razzias concluantes exercées depuis, sur tout le reste du territoire algérien, n'y ont semé que des maux passagers, en y consolidant la conquête et la paix.

Le système des razzias, que certaines personnes ont présenté comme une invention de M. le général Bugeaud, d'autres comme une réminiscence du gouvernement turc; le système des razzias résultait simplement d'une application des lois habituelles de la guerre, aux circonstances locales.

En Europe, une armée d'invasion se nourrit sur le sol occupé; on frappe des contributions sur les villes; on requiert vivres, corvées, moyens de transport, etc. : faisions-nous autre chose en Allemagne? On attaque l'ennemi dans ses richesses commerciales et industrielles. Quel est le but des bombardements, des lettres de marque, et quel était celui du *système continental?*

Or, la richesse de l'Arabe ne réside ni dans des villes, ni sur des navires; elle consiste en troupeaux et grains. Sera-t-il défendu de l'atteindre, parce que la forme en est changée?

Mais, dans les razzias, dit-on, des vieillards, des femmes, des enfants ont péri quelquefois. Il est trop vrai : des balles ont pu s'égarer sur ces frêles victimes; car il n'est point permis de discuter la bizarre contradiction de certains publicistes, qui tantôt exaltent aux nues l'héroïsme de notre armée, et tantôt la tranforment en une bande de *chauffeurs.* Outre ces accidents, des familles ont pu succomber soit aux fatigues, pendant une fuite précipitée, soit à la faim, après avoir perdu le peu qu'elles possédaient. Malheurs que tout cela sans doute, mais malheurs trop inséparables de la guerre, pour qu'il faille s'en étonner. Ces pénibles tableaux n'ont-ils pas eu leurs pendants, bien autrement sombres, sous les yeux de quiconque a traversé nos dernières luttes continentales? En ordonnant la guerre, il faut se résigner à ses nécessités.

———o o———

Abd-el-Kader, abandonné de toutes les tribus du Tell, espérait prolonger son existence politique dans le désert, où, grâce à l'appui des nomades Sahariens, il eût fait vivre sa Smala, et se fut toujours trouvé prêt, soit à souffler la révolte, soit à s'élancer de sa personne sur notre territoire.

Tout-à-coup, l'un des épisodes les plus glorieux et les plus saisissants de la guerre d'Afrique, vint ruiner ces projets. La prise de la Smala, par M. le duc d'Aumale, fit comprendre que désormais, nulle distance n'était infranchissable, nulle retraite inaccessible pour nos colonnes. Dénué de tout, mais non découragé, notre infatigable ennemi s'alla réfugier au Maroc.

L'aspect de cette grande et religieuse infortune, dut impressionner vivement la chaude imagination d'une race plus fanatique encore que celle de l'Algérie; et le vieux Muley Abd-er-Rahman, moins effrayé des suites d'une rupture avec nous que du débordement des passions populaires, suivit, tout en se raidissant, l'essor impétueux de la guerre sainte.

Alors s'ouvrit une courte et glorieuse campagne pour notre escadre, pour notre armée de terre, pour M. le prince de Joinville qui dirigeait l'une, pour M. le maréchal Bugeaud qui commandait l'autre. Les combats de Mogador et de Tanger, la bataille d'Isly, reçurent de la France cet accueil populaire qu'une sorte d'instinct lui fait immanquablement attacher à toutes les grandes choses.

Au reste, la vile dénigration de l'insulteur public qui suivait, autrefois, le char du triomphateur romain, ne manqua point aux deux vainqueurs. Un *chapelain anglais* attaqua grossièrement les opérations de notre marine, et quelques mois plus tard, un *écrivain*, malheureusement *français*, s'efforça de contester aussi la victoire d'Isly. Le mieux est de tirer un voile sur des turpitudes pareilles.

L'Algérie était donc conquise à l'exception d'un grand pâté de montagnes kabyles dont la soumission nécessaire pouvait se différer plus ou moins.

Oui, l'Algérie était conquise : mais, au milieu de son triomphe, à Alger, à Marseille, à Paris, partout, M. le maréchal-gouverneur, duc d'Isly, avait répété ces paroles : *Il y aura des révoltes !*

Les hommes véritablement instruits des affaires d'A—

frique, les militaires plus expérimentés par leur contact avec les indigènes, et principalement ceux qui
avaient la direction des affaires arabes ; enfin, l'opinion locale en masse, redisaient tout d'une voix : *Il y
aura des révoltes !*

Cependant, à Paris, certains hommes qui se font
une étude de flétrir la nature humaine, en assignant
un motif odieux à toute espèce d'acte ou de pensée,
s'écrièrent que le maréchal-gouverneur et ses officiers
voulaient effrayer le pays, afin de maintenir en Afrique un effectif de troupes satisfaisant pour leur ambition. Hé ! que pouvait ambitionner alors M. le duc
d'Isly ? n'avait-il pas atteint le terme de la plus haute
fortune militaire ?

L'évènement se chargea trop tôt et trop cruellement
de vérifier ces craintes.

----•§◊§•----

Au commencement du second semestre de l'année
1845, le calme était profond ; M. le maréchal-gouverneur
passe en France, remettant l'intérim à M. le lieutenant-
général de Lamoricière. Aussitôt des journaux, des lettres accréditent l'opinion que cet état de choses provi-
soire allait devenir définitif. Mutation simultanée dans
les deux premiers postes militaires, et apparence d'insta-
bilité dans le pouvoir : c'était l'instant le plus propice
pour diriger une tentative d'insurrection chez les Arabes : ils aimaient à *essayer leurs chefs*.

Un fanatique s'élève dans le Dahra fondant l'appel

aux armes sur quelques prophéties dont il s'applique les indications vagues, et, seul, sans aucun lien avec l'émir, commence à propager une révolte que la prompte énergie de nos autorités aurait bientôt réduite, si d'autres évènements ne fussent tout-à-coup venus compliquer la situation.

Que se passait-il alors sur la frontière du Maroc et au sein de nos tribus soumises? L'autorité française a-t-elle été grossièrement trompée, comme on l'a dit?

Les populations limitrophes, rudes et fanatiques, rarement soumises à l'Empereur, mais d'autant moins à cette époque, qu'il venait de perdre, sous leurs yeux, la bataille d'Isly, offraient un asile inviolable à l'émir et à ses partisans. Sa présence, ses préparatifs furent l'objet de bruits vagues; toutefois, nos bureaux arabes n'ayant pu nouer beaucoup de relations avec les Marocains, n'en obtinrent jamais aucun renseignement précis.

Dans nos tribus soumises, se tramait-il un immense complot où nos agents n'auraient rien vu? Non; mais il y régnait, comme aujourd'hui même, et comme tout esprit sensé comprendra que cela doive exister long-temps, une sourde impatience de notre joug doublement odieux en qualité de chrétien et d'étranger. Partout, en présence de notre force, une fraction sage s'oppose aux tentatives dont le succès semble impossible: on la flétrit du nom de parti français; une autre prêche incessamment la guerre sainte; ce sont les partisans d'Abd-el-Kader. Viennent les évènements, et, selon leur tournure, la majorité, le pouvoir passent de l'un à l'autre parti, avec ou sans lutte intérieure. Ainsi s'explique parfaitement qu'il n'y ait pas eu de complot spécial à surveiller, parce que l'état de l'opinion constituait une sorte de complot permanent, sans cesse prêt à éclater.

Fut-ce une conspiration qui produisit en France les Cents-Jours ou la Révolution de Juillet. Non, ce fut un seul mot; un de ces mots qui entraînent les masses dont on comprime l'élan patriotique. *Napoléon à Cannes! La Charte violée!* Nous avons entendu ceux-là, nous en avons connu l'effet.

Abd-el-Kader s'est écrié : *La victoire de Sidi-Brahim!*

Quelle nation, quel homme ont jamais pu se vanter d'avoir mis le destin de la guerre au-dessus de tous les hasards? On doit rejeter également et le fatalisme des uns qui leur accordent tout, et l'outrecuidance des autres qui ne leur veulent rien abandonner. Oui, ce fut en effet une accablante destinée qui mit à peu de jours d'intervalle, en présence d'ennemis trop supérieurs en nombre, une troupe aveuglée par son héroïsme, une autre désarmée par la maladie. Cette tentative d'Abd-el-Kader qui, se heurtant d'abord à un ennemi prudent, et bientôt circonscrite par d'habiles généraux, fut tombée dans un prompt oubli, devint, par son improbable succès, le signal d'une révolution qu'il n'avait pu prévoir, mais dont il sut profiter en maître. 200 têtes envoyées dans le Maroc, des uniformes dans toutes les tribus, 400 prisonniers à la Deïra : qu'on se peigne ces

trophées grossis par l'exagération arabe, l'enthousiasme,
le fanatisme ; aidés par l'ignorance des masses, par leur
crédulité stupide envers les Marabouts ; et l'on sera peut-
être plus surpris de la sagesse des tribus nombreuses
demeurées fidèles, que de la folie de celles qui rom-
pirent leurs fers.

Alors notre armée fut sublime, et ses chefs dignes
d'elle.

Pendant que M. le lieutenant-général de Lamoricière
accourait dans la province d'Oran toute en feu, M. le
maréchal-gouverneur s'embarquait à la hâte... Heureusement un ordre du ministre arriva sur ces entrefaites,
car il y eut des gens qui lui contestèrent le droit de renoncer à un congé pour reprendre son poste au moment
du péril.

La lutte à soutenir était du genre de celles dont l'histoire offre peu d'exemples couronnés de succès, lutte
d'une armée régulière contre des populations belliqueuses soulevées au nom de la patrie et de la foi.
Faire face partout, n'abandonner sur ce théâtre immense ni une position, ni un allié, c'était une tentative
généreuse et digne de la France, mais qui eût certainement échouée, si nous eussions perdu, comme on l'a
tant de fois écrit, toutes nos racines dans le pays. Heureusement des tribus, des chefs nous demeuraient fidèles, faisant apprécier ainsi la sagesse de notre organisation et de nos choix. Quelques-uns des aghas
nommés par nous reconnurent Abd-el-Kader ; on peut
se demander jusqu'à quel point ceux-là se trouvèrent
libres d'agir différemment, s'ils entraînèrent ou furent

entraînés; mais d'autres, en bien plus grand nombre, périrent assassinés : justice sanglante que des concitoyens rebelles rendirent à leur dévouement !

En se proposant la défense du territoire entier, la sauvegarde de toutes les tribus fidèles, M. le maréchal-gouverneur devait encore empêcher, avant tout, que l'insurrection ne gagnât de nouveaux points, et particulièrement ceux où les plus grands intérêts coloniaux et commerciaux sont concentrés, c'est-à-dire Alger, le Sahel, la Mitidja. Pour diminuer autant que possible la part du feu, il s'était élancé vers la province d'Oran, et n'était guère qu'à la hauteur de la Mina, lorsqu'il rencontra l'incendie se propageant à sa rencontre.

L'ennemi se fractionnait : délié, insaisissable, il allumait partout des foyers de révolte. On eut l'art d'imiter ses efforts multiples : quatorze colonnes à la fois, toujours actives, toujours convergentes, résolurent en quelque sorte le problème de l'ubiquité, et la rencontre de Temda fit comprendre à l'émir le danger d'un tel jeu. L'Ouarancenis ne pouvait donc plus lui offrir une sécurité suffisante, il devait renoncer à donner la main aux insurgés du Dahra, et à descendre dans la Mitidja, par l'appui des Beni-Menassers agités sourdement. Cette apparition si importante pour lui, au point de vue de l'effet moral, et qui paraît avoir été le but suprême de sa campagne, l'ayant manqué par l'est, Abd-el-Kader va la tenter du côté de la Kabylie. Avec une rapidité entraînante, il traverse le Zarhz, et s'installe chez les Ouled-Nayls, base admirable d'opérations qui lui

fait toucher à la fois le désert et les versants du Jurjura.

En face de ce pays neuf, c'est une lutte d'influence,
une guerre d'opinion surtout : un premier succès en-
traînera les populations flottantes. Aussi, M. le maréchal-gouverneur accourt avec une activité qui rappelle
celle des plus jeunes généraux. L'ennemi débute par
un coup de main heureux, par une razzia brillante ;
mais son camp est surpris, et bientôt, sa fuite devant notre colonne principale assure la neutralité des
Kabyles.

Dès lors, il paraît contenu dans ces vastes plateaux
qui s'étendent du Jurjura jusqu'au Djebel-Amour. Sur
ce terrain, nos colonnes agiles parviennent à s'alléger
encore ; deux fois elles l'atteignent et le poursuivent
l'épée dans les reins. Il fuit de l'est à l'ouest, tourne
autour du Djebel-Amour, ou rentre chez les Ouled-
Nayls : une colonne active, sans cesse attachée à ses
traces, ne lui permet plus ni repos ni entreprise d'aucune espèce ; il abandonne la partie, au moment où
les Ouled-Nayls et le Djebel-Amour se soumettent
complètement.

Pendant ce même temps le Dahra dépose les armes,
l'Ouarancenis est pacifié, les populations sahariennes,
compromises dans la lutte, paient de fortes amendes ;
enfin la Deïra, noyau si redoutable de la propagande
dans le Maroc, embarras incessant par la complexité des
questions politiques qui s'y rattachent, la Deïra se dis-
sout au milieu d'un carnage qui reporte les souvenirs
au premier épisode de cette longue campagne, au

désastre de Sidi–Brahim. Deux scènes également lugubres !

Aujourd'hui, notre domination fortifiée par l'épreuve dont elle est sortie victorieuse, ne compte plus en Afrique aucun adversaire debout ; elle semble prête à terrasser ceux qui se leveraient ; mais elle compte en France d'innombrables ennemis, ou plutôt des amis imprudents, mille fois plus dangereux.

L'esquisse précédente a rappelé, comme pour mémoire, les opinions diverses que notre colonie avait vu naître, grandir et puis se perdre dans le ridicule ou l'oubli, durant le cours de ses seize années d'existence ; mais celles qui subsistent encore, dont l'influence bonne ou mauvaise continue de s'exercer, celles-là méritent d'être examinées en détail, discutées très attentivement, accueillies ou repoussées avec une égale énergie. En effet, leur ensemble châtié par une saine critique, leur résultante, pour ainsi dire, constituera : *l'opinion du jour*, ce juge sans appel qui tient en son pouvoir toutes les destinées du lendemain.

1847.

———o◦o———

L'opinion du pays se manifeste sous deux formes distinctes.

L'une spontanée, ayant pour organe les journaux, les brochures, les écrits de toutes espèce, et qu'on appelle proprement *l'Opinion publique*.

L'autre officielle, *parlementaire, gouvernementale*, controversée dans les deux Chambres, traduite en actes par le ministère et revêtue de la sanction royale.

On croirait, au premier abord, que celle-ci règne sans partage. Emanant des hommes les plus distingués, les plus honorables, les plus influents, basée sur le pouvoir et sur l'intelligence, ne devrait-elle pas s'élever au-dessus des vaines clameurs du dehors, pour ne prêter l'oreille qu'aux sages avis de la raison, de l'expérience et de la haute politique ?

Malheureusement, telle est la dépendance de ces chefs de l'état vis-à-vis le corps électoral, que la déplorable manie de fouiller, d'ergoter, de trancher au hasard dans les affaires publiques, donne une influences excessive à l'opinion des rues toujours irréfléchie et le plus souvent abusée. Aussi, les hommes du gouvernement finissent par courtiser eux-mêmes cette folle. Craint-on de la surprendre ? On la tâte par des communications indirectes. Faudrait-il lui rompre en visière ? On cherche à la tourner par des manœuvres.

Au fond le but idéal du gouvernement est changé.

Le rôle consistait jadis à précéder, à conduire la nation, à sonder et à combler d'avance les abîmes qu'elle devait rencontrer sur sa route, à pressentir toutes ses destinées, à en préparer de loin l'accomplissement heureux.

Aujourd'hui, ce sont au contraire les masses qui s'ouvrent confusément et à tâtons des voies inexplorées. Pour avoir l'air de les guider, il faut savoir les suivre ; et ceux qui marchent à leur tête ne hasardent jamais un seul pas sans les interroger.

Le pouvoir, abdiquant sa pensée dirigeante, devient un instrument d'exécution. Il n'est plus le pilote, il est le gouvernail, et la barre de celui-ci : tout le monde y touche, nul ne la tient.

Fera-t-on ainsi route meilleure ? Evitera-t-on mieux les écueils ?

La vieille sagesse eût répondu en apologue : — Un chêne ayant ses profondes racines et sa vie dans le sol couvrait à son tour celui-ci d'une ombre bienfaisante. Voilà qu'insensiblement les lierres, les lichens, les lianes, et mille végétaux grimpants l'assaillent, l'enlacent, le contournent, l'enveloppent, le dominent, l'étouffent. L'arbre meurt : sur son bois desséché, les parasites

vivent seuls. Le même sol nourrit vingt plantes au lieu
d'une, mais maintenant qui le garantira lui-même des
ardeurs du soleil ?

Triste image de l'opinion transcendante aux prises
avec les étreintes multiples de l'opinion populaire !

Vaincues, asservies désormais, les hautes intelligences qui siègent dans les Chambres et au sein du
gouvernement, se lassent des études consciencieuses,
vivent au jour le jour, rient des convictions persévé-
rantes, et se résignent à devenir un écho monotone
des clameurs que la multitude leur jette.

A tout seigneur tout honneur.

Nous passerons d'abord en revue l'opinion publique
manifestée dans les journaux et les brochures ; ensuite
nous étudierons celle du gouvernement et des Chambres.

OPINION PUBLIQUE.

C'est une prétention ambitieuse, et cependant assez commune, que celle d'éclairer son pays. Le moindre titre, pour y prétendre, semblerait être une spécialité parfaite, une compétence bien réelle sur les sujets que l'on aborde. Autrement, n'aurait-on pas l'air du fou qui vendait la sagesse ?

Hé ! bien, à cet égard, l'Algérie paraît douée d'un privilège tout particulier.

Habituellement le publiciste qui écrit sur l'étranger se croit tenu d'établir avant tout son droit d'en parler savamment. Qu'il s'agisse d'une région lointaine ou rapprochée, de l'Inde, ou de l'Irlande, il vous fera connaître la durée de son séjour dans le pays, les relations sociales qui l'ont mis en état d'observer avec fruit les hommes et les lieux ; enfin, à l'appui de ses jugements, il produira l'autorité des graves écrivains ou des personnages marquants qui ont émis une opinion semblable : voilà les présomptions qu'on cherche à établir en sa faveur, quand on nous entretient d'un sujet presqu'indifférent à la France ; mais lorsqu'il est

question de l'Algérie, c'est-à-dire de notre affaire la plus
nationale, la plus urgente, et la plus difficile, à quoi
bon s'inquiéter de tout cela?

La question de l'Algérie offre trois faces principales :

Domination par l'emploi de la force *militaire*.

Administration d'habitants dont l'immense majorité
est *indigène*.

Colonisation du pays par des *agriculteurs* européens.

Or vous n'avez été ni *militaire*, ni *agriculteur*, ni
en contact avec les *indigènes*. En toute autre matière,
il y aurait là trois motifs de vous abstenir ; mais, puisqu'il est question de l'Algérie : parlez !

Parlez : on vous écoutera d'autant mieux que vos
appréciations, vos raisonnements, fondés sur une entière
ignorance du pays, seront plus à la portée de votre
auditoire.

Sans doute, si vous êtes un homme de style, vous
écrirez des pages qui seront lues sans déplaisir ; si vous
êtes un esprit droit, vous éviterez les conclusions qui
choqueraient ouvertement le sens-commun ; si vous
êtes muni d'une belle érudition politique, vous nous
charmerez quelquefois, par des digressions intéressantes
ou par d'ingénieux aperçus ; mais quelle sera l'utilité
pratique de votre œuvre ? Pouvez-vous franchement
lui en espérer aucune ? Devine-t-on les mœurs, le
caractère, le génie d'un peuple qui suit des errements
si différents des nôtres en religion, en politique, en vie
matérielle ? Remédie-t-on, du fond d'un cabinet, à des
maux qu'on n'a jamais vus, dont on ne peut soupçonner
même ni la nature, ni l'origine ? Enfin, n'est-ce pas

une singulière outrecuidance, d'imaginer qu'on va
tomber, du premier coup, sans aucune étude spéciale,
sans aucune recherche préalable, sur des solutions qui
auraient échappé à tant d'hommes de mérite employés
depuis si longtemps en Algérie ?

Il existe là bas, qu'on y pense, une population nationale d'environ 150,000 âmes, tant militaire que civile,
et son esprit public, qui commence à grandir, devrait
être considéré par la métropole comme le foyer cen-
tral des lumières dont elle a tant besoin sur les questions
algériennes.

Or, les *Français d'Afrique* ne sont presque jamais
d'accord avec les *Africains de Paris*. Mais leur parole,
s'ils l'élèvent, ne se fait pas entendre, parce qu'ils n'ont
à leur service aucun des grands porte-voix de la presse ;
et leurs brochures, sans prôneurs, sans critiques, sans
lecteurs, s'éteignent obscurément avec les vérités fécon-
des, les révélations utiles qu'elles pouvaient contenir,
à moins qu'il ne convienne plus tard à un journaliste
émérite de les placer en haut lieu et de s'en attribuer
l'honneur.

Cette insouciance de l'opinion parisienne envers
l'opinion d'Afrique, témoigne d'une frivolité désespé-
rante ou d'un mépris de la vérité plus dangereux
encore. D'où viennent ces fins de non-recevoir opposées
à des gens qui vous disent : — Pour traiter nos questions militaires, vous avez des officiers en France, nous
en avons ici qui ont fait et qui font tous les jours la
guerre d'Afrique. Pour parler colonisation, vous avez
des agriculteurs, nous en avons ici qui possèdent dix

ans d'expérience sur les cultures de l'Afrique. Vous
n'avez pas un seul homme peut-être qui ait réellement
vécu avec les indigènes, qui connaisse à fond l'existence
d'une famille arabe ou kabyle : nous en avons ici des
milliers et dans toutes les classes. Hé ! bien, si nos
avis diffèrent, de quel côté sont les chances probables
d'erreur ? Malgré des garanties pareilles nous ne
demandons pas que nos opinions soient admises de
prime-abord, mais seulement qu'elles soient connues,
qu'elles soient discutées.

———◦◦◦———

L'organe naturel de l'opinion algérienne serait la
presse algérienne ; mais cette presse, à vrai dire, n'existe
pas.

Les feuilles publiées en Afrique ont l'avantage d'être
écrites sous l'impression même des événements ; leurs
rédacteurs, au contact perpétuel des hommes d'action,
s'imprègnent tout naturellement du véritable caractère des faits ; ils voient, ils entendent par eux-mêmes ;
ils vivent en outre au milieu de leurs lecteurs, témoins
comme eux de tout ce qui se passe, et juges redoutables
de leur sincérité ; ces motifs recommandent la presse
locale aux hommes d'état ou d'affaires qui ont un si
grand besoin de connaître la vérité jusque dans ses
moindres détails. Il convient d'observer encore que
ces journaux, par l'abondance, par la priorité de leurs
nouvelles, sont d'un grand intérêt en France pour une
multitude de familles occupées de suivre au loin les

pas d'un fils ou d'un proche parent, et qu'ils suppléent ainsi à l'insuffisance des nouvelles directes, ou à leur interruption pendant l'époque la plus inquiétante, celle des opérations militaires.

A tous ces titres, la presse algérienne est utile : mais est-elle possible au point de vue industriel ! Cela ne fait aucun doute. Les cent-cinquante mille Français, tant militaires qu'employés civils et colons de toute espèce qui peuplent la colonie, fournissent au moins vingt mille lecteurs capables de s'intéresser aux affaires locales, et ils leur en attirent en France plus de quarante mille. La [presse algérienne, placée dans de bonnes conditions, pourrait donc rallier dès aujourd'hui huit à dix mille abonnements. Or, comme il n'en faut pas plus de mille pour faire prospérer les feuilles qui jouissent des annonces légales, et environ le double pour soutenir celles qui marchent sans aucun privilège, il y aurait des éléments positifs de succès pour un journal de la première espèce dans chacune des localités où existe un tribunal civil, et pour deux ou trois journaux de la seconde dans la ville d'Alger.

Cependant, jusqu'ici, aucun de ces derniers n'a pu vivre et les autres végètent. A quoi cela tient-il ? Uniquement au régime sous lequel ils se trouvent placés, et qui, pris au pied de la lettre, leur interdit de s'occuper de politique et d'affaires militaires ou administratives, les oblige de soumettre chaque numéro à une censure préalable ; enfin, abandonne tout-à-fait à l'arbitraire du gouverneur, non-seulement l'existence du journal, mais encore le brevet d'imprimeur.

Un tel état de choses peut être esquissé en deux
traits : il nuit à tout le monde et ne profite à personne.

Il nuit au journal, c'est peu dire, il le tue, car il
lui ôte irrévocablement toute influence morale. Il nuit
à l'autorité supérieure, en donnant lieu de supposer
qu'elle redoute les indiscrétions de ceux qui la voient
agir. Il nuit au pouvoir local, en lui imposant l'exécution d'une odieuse censure. Nous avons dit encore
qu'il ne profitait à personne : en effet, tout ce qu'on
pourrait craindre de voir ébruité dans la presse algérienne, vient tonner fort impunément dans celle de
Paris.

Il y a des situations si fausses qu'on ne peut en sortir par une porte dérobée ; celle-ci est du nombre :
l'expérience l'a fait voir. M. le maréchal-gouverneur a
essayé, depuis deux ans, d'améliorer le sort de la presse
locale par une tolérance dont on lui a su peu de gré.
Bien que cela puisse contrarier certaines idées reçues,
il est, lui, le premier et le seul dépositaire du pouvoir
qui ait donné à la presse d'Afrique, non pas des droits,
c'était au-dessus de ses attributions, mais tout au
moins, l'usage d'une certaine liberté.

Il est encore digne de remarque que la censure,
abolie de fait par *l'autorité militaire*, fut rétablie à la
première occasion par *l'autorité civile*.

Mesure bien regrettable, car les journaux d'Afrique,
sous le régime de la tolérance, étaient entrés dans
une voie qui pouvait faire bien augurer de leur avenir.
Ils abordaient de grandes questions avec une aptitude
incontestable, ils apportaient dans l'examen des actes

du gouvernement une connaissance intime de leurs motifs et de leur but ; enfin, si quelquefois ils s'en permettaient la critique, n'était-ce pas sans fiel et même avec profit pour le pouvoir ?

Mais ces pauvres journaux se trouvèrent pris entre deux feux. Tandis que des confrères de Paris, peu bienveillants, leur contestaient toute espèce d'indépendance et de conviction, des députés, des pairs de France se plaignaient hautement de leurs attaques contre l'administration supérieure, et en rendaient responsable l'autorité locale qui aurait dû les censurer. Ainsi, journaux, gouverneur, ministère, tout le monde se trouvait dans une attitude fausse et compromettante.

On disait aux journaux : vous n'êtes pas plus libres qu'auparavant, car vous demeurez sous le coup d'une menace incessante qui rendait superflu l'emploi de la censure. Vous ne pouvez rien dire qui déplaise au gouverneur, et de là à dire tout ce qui lui plait il n'y a qu'un pas. — Au gouverneur : vous avez eu grand tort de suspendre votre contrôle, car les journaux n'en restent pas moins à couvert sous votre responsabilité ; et si, par hasard, un article provoquait au mépris du gouvernement, ou commettait tout autre délit prévu par les lois de septembre, le procureur-général ne pourrait poursuivre sans accuser de complicité l'administration elle-même. — Au ministère enfin : vous faites preuve d'une insigne faiblesse en tolérant la critique des feuilles qui se trouvent à la discrétion du gouverneur, car, ne pouvant avoir lieu que par son ordre ou sa permission, leurs attaques,

même les plus légères, constituent de sa part une insu-
bordination manifeste.

Chacun de ces arguments présente son côté spécieux,
et les trois réunis ne prouvent qu'une chose : l'urgence
d'abolir un système qui pouvait bien avoir sa raison
d'être à l'origine de la conquête, mais qui choque
aujourd'hui tout le monde, et d'y substituer un régle-
ment sage, libéral, assurant à la presse algérienne
une existence honorable, au pays les services essentiels qu'il a le droit d'en attendre.

<hr>

D'après cette impuissance des hommes spéciaux à
faire prévaloir leur avis, en ce qui concerne la question
d'Afrique, et d'après le grand nombre de gens qui en
parlent comme les aveugles des couleurs, on ne saurait
s'étonner d'aucun écart de l'opinion.

Nous signalerons les principaux : ceux qui touchent
aux plus graves intérêts de la colonie, tels que la
guerre, les relations avec les indigènes, la forme du
gouvernement, etc.

<hr>

Au nombre des manies caractéristiques du bourgeois
parisien, figure celle de *jouer au soldat* et de *raisonner
guerre*.

Jadis l'habitué du mail jugeait de son haut Turenne
et Luxembourg : l'abbé *trente mille hommes* s'im-
mortalisa dans cette polémique.

Plus tard les gens de lettres opposèrent les folies de Folard aux sages *rêveries* du maréchal de Saxe ; aussi fut-ce la glorieuse époque des Soubise.

Pendant la république, la plume des stratégistes de cabinet se trempa dans du sang : des généraux furent guillotinés pour n'avoir pas vaincu ou profité de leur victoire. Certaines gens s'imaginent que ce fut là l'époque et l'origine de nos grands succès.

Quel dommage que l'empereur n'ait point permis de contrôler ses opérations militaires ! On aurait lu de belles critiques.

Aujourd'hui, grâce à Dieu, c'est chose assez facile, et tolérée, sinon légale. Aussi, la guerre d'Afrique ouvre-t-elle une vaste carrière à nos *Jomini* de la presse.

Un homme plein d'intelligence, d'énergie, de résolution s'est fait soldat à dix-huit ans. Delà, sans protection et sans intrigue, il a gagné sur le champ de bataille tous les grades, tous les honneurs de la hiérarchie militaire ; et chacun de ces avancements était le résultat d'un choix qui constatait sa supériorité sur une foule de concurrents. Parvenu de la sorte au premier rang, il s'y voit entouré de généraux, de colonels également sortis d'une multitude d'épreuves, d'un concours immense, et qui s'accordent tous à proclamer sa haute capacité, son coup-d'œil sûr, ses excellents principes militaires. Hé ! bien, c'est à cet homme que *des bourgeois de Paris se trouvent obligés d'apprendre ce qu'il devrait savoir.*

Et dire que cela paraisse tout simple au peuple le plus spirituel de la terre : voilà qui est fort.

Chaque art a des mystères qu'une longue pratique enseigne, dont les initiés se rendent compte, mais qui déroutent le vulgaire ; celui-ci ne peut les comprendre. Ne les comprenant pas, il les comdamne.

S'agit-il de défendre un pays ? Le guerrier pratique demande quel est l'ennemi qui menace ? Où est-il ? Quel sera son itinéraire ? En quoi consistent ces ressources ? Il va marcher à sa rencontre, ou le tourner afin de couper ses communications, ou l'attendre dans une position forte qui doive être nécessairement franchie.

Le guerrier de cabinet se croit en face d'un problème de géométrie ; son idée fixe est d'interdire sur tout point l'accès de sa frontière ; il voudrait y placer, derrière chaque grain de sable, un œil et un fusil ; les petits postes se multiplient ; les troupes s'éparpillent ; on est partout, c'est vrai, mais on est partout faible.

Lors des premières luttes de la révolution, rien ne contribua plus au salut de la France que les fausses doctrines des coalisés. Ils s'entêtaient méthodiquement et scientifiquement dans une *guerre de cordons ;* nos jeunes généraux furent conduits par le bon sens à la méthode des grands hommes de guerre : l'emploi des masses et des mouvements offensifs.

Autant qu'on peut juger les opérations du Caucase sur les documents qui en viennent, quelque chose de semblable s'y passe. Les Russes s'imaginent dominer le pays par la construction d'un assez grand nombre de forts ; ils pensent l'enclaver, le surveiller ainsi. Que leur est-il arrivé l'an passé ?

Pendant qu'il les voit morcelés, Chamyl passe, avec 20,000 hommes, entre des corps trop faibles pour lui faire obstacle, pénètre dans la Kabardie, et, voilà que les colonnes russes se cherchent, se hâtent, se concentrent, le poursuivent. Conservant son avance de plusieurs jours de marche, il sort paisiblement de cette contrée par un autre passage, avec tout le butin qu'il a conquis.

Ces exemples font voir ce que l'on doit penser d'un système d'occupation défensive qui consisterait à garder, par une série de camps et de petits corps de cavalerie, communiquant de l'un à l'autre, toute la ligne extérieure de notre occupation en Algérie. D'abord, le développement de cette ceinture dépasserait deux cents lieues, on n'y saurait pourvoir qu'en doublant ou triplant l'effectif actuel de l'armée. Puis, quel service rendrait-elle? On concevrait à la rigueur qu'elle fît illusion, si elle renfermait nos alliés et excluait nos ennemis. On sait trop que cela n'est pas. Abd-el-Kader, Bon-Maza ou tout autre, n'aura besoin que de la traverser seul, de sa personne, au galop de son cheval; et certes vous ne l'arrêterez point au passage. Aussi tranquille à l'extérieur de votre ligne qu'au-dehors, car elle n'empêcherait pas mieux sa fuite que son entrée, il soulèvera sur vos derrières l'Ouarancenis ou le Dahra. Que ferez-vous alors ? Vous rallierez, pour le chasser, plusieurs colonnes de trois ou quatre mille

hommes chaque, en dégarnissant tous vos postes.
A quoi servait par conséquent de créer ces postes ?

La chimère précédente a été caressée par ceux qui
demandaient *qu'au lieu de s'acharner sur l'Émir, on
l'empêchât seulement de violer notre territoire.* D'autres voulaient absolument le *prendre*, et, selon eux,
nos généraux *le ménageaient afin de prolonger la
guerre.*

Se propose-t-on d'atteindre un homme qui fuit
toujours et surtout un cavalier ? Qu'on le poursuive à
cheval plutôt qu'à pied. Ce précepte est fort judicieux,
mais il faut se faire une idée bien étrange de soi-même
et des autres pour demander, en l'énonçant, un brevet
d'invention; pour croire qu'il ne soit tombé sous le sens
d'aucun de nos officiers d'Afrique. Or, certains journaux n'affichaient rien moins que cette prétention, en
préconisant le système des colonnes légères uniquement composées de cavalerie. Qui lui refuse son suf-
frage en théorie ? Personne. Par malheur, en pratique
il est seulement impossible.

En effet, la poursuite (et surtout une vive poursuite)
amènera tôt ou tard votre cavalerie dans un pays de
montagnes, soit qu'Abd-el-Kader s'y retire, au milieu
de ses derniers amis, soit qu'il les traverse seulement,
pour passer d'une vallée dans une autre. Que devien-
drez-vous dans ces contrées abruptes si vous y rencontrez la moindre résistance? (Et votre faiblesse seule suffirait pour la provoquer.) Est-ce à cheval que vous
soutiendrez un combat de tirailleurs contre des ennemis embusqués, ou que vous leur enlèverez des posi-

tions presque inaccessibles? *Nécessité de l'infanterie!*

Mais la longue course que vous entreprenez vous éloignera, pour un temps indéterminé, de tout point de ravitaillement. Vos cavaliers n'ont pu se charger de vivres au départ que pour sept ou huit jours. Comment donc continuerez-vous vos opérations, si vous n'emmenez pas de subsistances avec vous? Que deviendront vos blessés, vos malades, vos hommes démontés? *Nécessité d'un convoi!*

Enfin, vous pouvez avoir tout-à-coup des forces disproportionnées sur les bras, comme il advint à l'Oued-Fodda, à Sidi-Brahim, dans vingt autres rencontres, et votre salut dépendra d'une section d'obusiers de montagne. D'ailleurs, vos soldats, approvisionnés à trente ou quarante cartouches chacun, peuvent les épuiser; il vous faut donc une réserve de munitions. *Nécessité de l'artillerie!*

Trois *impedimenta* dont un seul suffirait, car ils retiennent à-peu-près dans la même mesure l'essor de notre cavalerie. Celle-ci, dès-lors, vous pourrez bien la lancer en avant, pour une, deux ou trois journées, mais non la rendre indépendante, non la dégager tout-à-fait des auxiliaires qui tiennent entre leurs mains sa nourriture et sa sécurité.

N'insistons pas sur les innombrables avantages que présente en toute circonstance et dans le service journalier l'union des différentes armes. Cette union est indispensable, cela suffit.

Lorsque ces arguments irrésistibles viennent fermer la bouche au guerrier de cabinet, alors, en désespoir

de cause, il accable de son dédain notre malheureuse
armée d'Afrique. — Abd-el-Kader et ses cavaliers traî-
nent-ils à leur suite des convois et des fantassins? Êtes-
vous donc moins intrépides? demande-t-il à nos soldats ;
et à nos généraux : êtes-vous moins habiles?

Dieu, qui répartit les fléaux, a sans doute infligé aussi
à l'émir quelques stratégistes qui le blâment de ne pas
faire comme nous, de ne pas obtenir les succès dus à
notre discipline, à nos manœuvres, de ne pas renou-
veler, comme nous, ses chevaux, ses munitions, ses
armes, ses guerriers.

Reproches également puérils de part et d'autre.

On voit assez ce qui l'empêche de nous imiter ; disons,
en peu de mots, ce qui nous empêche d'agir comme lui.

Abd-el-Kader est l'homme national : non-seulement
lui, mais quiconque entreprend la guerre sainte, revêt
aux yeux de toutes les tribus un caractère sacré. On peut
refuser son concours aux champions de la foi, résister
par la force à leurs spoliations ; mais au fond du cœur
on les aime, on les admire, on fait des vœux pour leur
victoire. Inoffensifs, ils obtiennent toujours librement
passage ou hospitalité. Voilà pourquoi l'émir et ses khalifas vivent partout, circulent partout, sans convoi,
sans infanterie. Chez nos tribus soumises, on les tolère ;
et leurs goums sont si peu nombreux qu'ils trouvent toujours moyen de vivre, en payant même à la rigueur ;
chez les tribus en insurrection, des masses considérables
viennent se grouper autour du chef, sans lui donner plus
d'embarras : chaque homme est équipé, pourvoit à ses
besoins, remplace ses munitions, etc.

Or, trouvons-nous dans la population de semblables ressources? Jusqu'au jour où le *parti français*, qui commence à se dessiner au milieu de chaque tribu, aura pris assez de consistance, se sera assez compromis pour nous fournir une coopération dévouée, comme celle que le *maghzen* donnait aux Turcs, jusqu'à ce jour, nous ne pouvons opérer qu'à l'aide de colonnes composées des différentes armes.

Ceux qui prétendaient les réduire à la cavalerie seule, pour leur en ménager toute la vitesse, convaincus d'inexpérience, essayèrent de donner le change, en s'abritant derrière une brochure de M. le lieutenant-général de Bourjolly qui, lui au moins, avait vu, avait commandé des chevaux. Mais cet auteur plaidait seulement pour un accroissement de proportion. Il différait donc autant que nous du précédent système; car ce système n'est pas une affaire de plus ou de moins. N'existât-il dans la colonne de cavalerie qu'un seul homme à pied, ce serait le pas de cet homme qui réglerait la marche.

D'ailleurs les *considérations* de M. le général de Bourjolly sont-elles toujours justes? En blâmant la constitution des petites colonnes de trois ou quatre bataillons et de quarante à cinquante chevaux, il semble insinuer la fréquence d'un semblable effectif. Cette généralisation d'un fait particulier ne saurait être qu'involontaire, puisque l'auteur insiste sur les bonnes opérations qu'il fit dans la plaine de la Mina, avec une force de deux cent vingt chevaux. Il s'appuie aussi, par mégarde, sur une citation, qui, loin de condamner le système en vigueur, suffirait, au contraire, à son apologie.

« La proportion des armes et notamment celle de la
« cavalerie ne peut être réglée en chiffres absolus, elle
« doit essentiellement varier selon la *nature* du pays,
« selon ses *ressources.* » Rien de plus juste.

Donc, si vous portez la guerre dans les montagnes,
où vos cavaliers ne trouveront ni des fourrages, ni le
terrain propice, n'emmenez avec vous qu'un escadron ;
les accidents, les privations, le réduiront peut-être à
une cinquantaine de chevaux, ce nombre suffira pour
quelques rares reconnaissances. Mais, si vous opérez dans
les vastes plaines du Sersou, des Ouled-Nayls, formez
alors des colonnes légères comme dernièrement celles
de MM. les colonels Renault, Camou, de M. le général
Jusuf surtout, dans la composition de laquelle se trouvèrent dépassées en faveur de la cavalerie toutes les
proportions connues.

En somme, aucun succès n'a jamais manqué par
l'insuffisance numérique de cette arme, mais toujours
parce qu'elle arrivait *trop tard* ou *épuisée.* Trois fois,
pendant la dernière campagne, elle a joint l'ennemi,
à Temda, à Birin, et au Zarhz, trois fois elle l'a battu.
Son effectif était donc suffisant, car on le calcule sur
la résistance à vaincre, et non sur l'agilité des fuyards.
Les montures ne jouissent point de l'inappréciable
propriété des *chevaux-vapeur* dont les vitesses s'ajou-
tent ; mille *chevaux-bêtes* ne marchent pas plus vite
que cent, tout au contraire ; ils ne se fatiguent pas
moins : en revanche, ils consomment bien davantage,
et l'on sait que, déjà, dans les circonstances actuelles,
la nourriture des animaux est une grave difficulté. Le

grand art de la guerre consiste à ne jamais déployer
que les moyens nécessaires et suffisants. Eût-on réussi
mieux avec des masses de cavalerie superflues ? Voilà
ce qu'il importait d'établir, au lieu d'en justifier la
demande par ce seul fait que les Arabes en ont beaucoup. Ce n'est pas un principe absolu de combattre
tout ennemi avec ses propres armes, et rien surtout
ne doit être moins imité que l'allure instinctive d'une
levée nationale. Que M. le général de Bourjolly se
rappelle ses propres opérations dans le cercle de Mostaganem. A-t-il trouvé des résistances sérieuses dans les
plaines ? Jamais. Où se maintenait l'insurrection ? Dans
les montagnes.

Par suite la guerre habituelle, la guerre décisive, la
guerre de domination est une *guerre de montagnes.*
Sans doute le commandement d'une subdivision qui
embrasse surtout des régions accidentées, telles que le
Dahra, l'Ouarancenis, dans leur partie occidentale, les
gorges de la Mina, du Riou, etc., ce commandement
pouvait convenir moins que d'autres aux goûts et aux
talents d'un officier de cavalerie ; mais s'ensuit-il que
les conditions rationnelles de la guerre dussent en être
modifiées ?

L'auteur se prévaut de ce qu'un agitateur dangereux
ayant inquiété les tribus autour du poste du Khamis,
quarante chevaux furent envoyés sur ce point et que
l'homme quitta le pays aussitôt. Qu'est-ce qu'un pareil
détail a de commun avec la guerre ? Ceci rentre dans
la police. Le jour où nous aurons changé la *question
militaire* en une simple *affaire de gendarmerie,* nul

doute qu'il ne soit convenable alors d'employer beaucoup de *gendarmes à cheval.*

Il n'était pas trop malaisé non plus de s'apercevoir
que la cavalerie rendrait plus de services sur la ligne
extérieure de nos postes que dans les ports de mer.
Mais pour lui faire tenir ses quartiers à Sebdou, Lalla
Maghrnia, Daïa, Teniet et Hâad, Boghar, etc., il convient
de créer d'abord, en ces lieux, des abris sans lesquels
nos chevaux ne vivraient pas longtemps. Or, ces
constructions ne s'élèvent point en un jour. La nourriture également deviendrait moins régulière et par
fois beaucoup plus coûteuse, car il n'est nullement
démontré que les ressources du pays suffisent. Peu-à-
peu, viendront ces réformes. Le tort de M. le général
de Bourjolly, dans presque toute sa brochure, est
d'avoir pris pour le présent un avenir assez éloigné.

———o o———

Pourquoi faut-il qu'on soit obligé de le dire, comme
si ce n'était pas une vérité d'intuition : le but direct,
immédiat, des mouvements nombreux exécutés par nos
colonnes, au commencement de l'année dernière, n'a
jamais été de *prendre Abd-el-Kader,* mais bien de
maintenir ou de rétablir la paix, de protéger les tribus
fidèles, de châtier les révoltées, d'empêcher que l'émir
ne frappât les premières, ne s'établit solidement chez
les secondes, n'entraînât dans sa cause les Kabyles ou
les Sahariens encore neutres.

Pour atteindre ce résultat, que devrait-on faire? N'en

déplaise à certains stratégistes, on ne devait pas s'en
tenir à l'immobilité, ou à un faible rayonnement des
troupes autour de leurs points d'occupation, car Abd-
el-Kader, dans ce cas, eut soulevé toutes les populations, en dehors et en-de-çà de la ligne si discontinue
de nos postes ; il se fut retrouvé le maître du pays. On
devait, comme on le fit, poursuivre l'agitateur à
outrance, et lui donner la chasse en tous lieux, afin
qu'il ne trouvât le temps ni de tirer un plein profit des
dispositions favorables, ni de vaincre les hésitations, ni
de punir les dévouements à notre cause. En le traquant
de la sorte, nous lui avons restitué, aux yeux des populations, son attitude véritable d'infériorité vis-à-vis nous ;
elles ont toutes contemplé le spectacle de son impuissance. Vainement, dira-t-on, qu'un Arabe n'est pas dés-
honoré pour avoir fui ; cela peut être vrai, dans un
combat, mais non par rapport à un ensemble d'opérations. Rien au contraire n'est plus sensible aux indigènes que l'abandon du territoire et des tribus dont on
a provoqué la révolte. Le sentiment religieux pourra,
dans une telle conjoncture, empêcher les gens fanatiques de maudire leur chef, il n'ira certainement pas
jusqu'à les aveugler sur sa défaite. Sans doute, en plus
d'une circonstance, on s'est laissé tenter par l'occasion
qui souriait, on a poussé soit une marche nocturne,
soit une charge de cavalerie, un peu plus vivement qu'il
n'était nécessaire, dans l'espoir qu'un *hasard heureux*
pourrait faire tomber Abd-el-Kader entre nos mains.
Une éventualité semblable mérite qu'on la saisisse quand
elle paraît s'offrir, mais il y aurait folie à lui subordonner

tout un plan de campagne et cela ne peut entrer que dans la cervelle des gens qui font la guerre au coin du feu.

Les plus choquantes bévues finissent pourtant par égarer l'opinion à force de l'assaillir chaque matin. On disait :

« — Le gouverneur-général a concentré toutes ses
« opérations dans la poursuite d'Abd-el-Kader ; il a
« échoué. — Et non-seulement il a échoué, mais il a
« *ruiné* son armée, pour la faible chance de *saisir*
« Abd-el-Kader que le *hasard* seul, *on le sait mainte-*
« *nant*, peut faire tomber entre nos mains. — Il ne
« voit qu'un résultat à obtenir, c'est d'atteindre Abd-el-
« Kader ; il *ruine* dix corps d'armée, et *ne l'atteint*
« *pas.* — Il déclare que le hasard seul peut nous venir
« en aide, et fait ainsi l'aveu de son *impuissance,* etc. (1) »

Autant de mots, autant d'erreurs. Nous avons expliqué le caractère politique des poursuites dirigées contre l'émir.

— Ont-elles échouées ? Non ; puisqu'il fut chassé de notre territoire, et que toutes les tribus rentrèrent dans l'obéissance.

— *On sait maintenant* que la capture d'Abd-el-Kader est une affaire de *hasard* ; mais les gens raisonnables n'en ont jamais douté.

— Y a-t-il aveu *d'impuissance* à reconnaître une vérité pareille ? L'aveu, dans tous les cas, ne s'appliquerait qu'à l'impuissance de nos soldats, de nos che-

_____

(1) *L'Algérie.*

vaux et de nos balles, puisque nos généraux, à diverses reprises, *ont atteint* l'ennemi comme un général peut atteindre, et que le reste était l'affaire des subalternes.

— L'armée d'Afrique a-t-elle été *ruinée?* Jamais elle ne fut plus saine, plus entraînée, plus forte sous les armes.

Hé! oui. L'on a vu rentrer des soldats poudreux, déguenillés, après six mois d'expédition : le lendemain, ils avaient changé d'habits et n'auraient pas fait honte à une revue du Carrousel. M'est avis, toutefois, qu'il eut mieux valu les montrer, sous leur premier costume, au peuple justement enthousiaste des haillons immortels de la République.

Cependant, des journaux français (1), personne ne les aura lus sans dégoût, tournèrent en ridicule ce noble dénuement, insultèrent aux souffrances de nos soldats victorieux, et peignirent leur rentrée dans la capitale, au milieu d'un peuple de toute race ému et attendri, comme une mascarade digne du carnaval avec lequel elle coïncidait.

Hélas! jamais signe plus frappant n'a caractérisé la décadence de l'esprit militaire.

Aucun auteur comique n'eût inventé les bouffonneries que plusieurs journaux imprimèrent, avec un grand

---

(1) *Le National* et *le Charivari* en tête.

sérieux, sur la *prise d'Abd-el-Kader*. En voici trois
échantillons.

— « Si la victoire n'a pas eu pour conséquence la
« *prise d'Abd-el-Kader*; c'est, comme toujours, parce
« que notre cavalerie n'était pas assez nombreuse *pour*
« *se relayer.* (1) »

Ces trois mots contiennent sans doute le germe d'une
théorie neuve, mais leur concision d'oracle prête à une
double interprétation, heureusement au bout de chacune on trouve également l'absurde.

Ou l'on entend, par ces *relais*, des réserves de cavalerie formées au commencement de la charge, pour relever les pelotons épuisés par une course de trois, quatre ou cinq lieues ; et alors on se demande comment
elles seront rendues *sans fatigue* sur le nouveau théâtre
de l'action, comment elles seront fraîches après avoir
fourni la traite qui en a mis d'autres sur les dents.

Ou bien le mystère consiste à disposer, *d'avance*, des
corps de cavalerie sur la ligne de retraite que l'ennemi
doit prendre ; et, dans ce cas, il conviendrait de lui
communiquer la carte des relais en question ; car ce
serait trop grand hasard s'il allait y donner de lui-
même.

— *Abd-el-Kader et les Élections !* ce titre seul in-
dique un article fait par gageure.

« L'émir serait *dans la main* de nos généraux. Le
« général de Lamoricière aurait d'abord eu l'intention

---

(1) *Courrier français.*

« de se mettre à sa poursuite, convaincu qu'il ne peut
« plus lui échapper. Mais il a bientôt changé de réso-
« lution.

« Pourquoi cet ajournement dans l'objet le plus es-
« sentiel de la campagne, qui est la *prise d'Abd-el-Ka-*
« *der?* On ne s'en doute guère. Il y a encore là-dedans
« *un calcul électoral.*

« Quel effet d'opinion si, dans la chaleur de la lutte,
« on pouvait jeter tout-à-coup la nouvelle de la prise
« d'Abd-el-Kader.... Le moment *n'est donc pas venu*
« d'opérer cette importante capture. *Abd-el-Kader est*
« *un trophée qu'on voudrait réserver pour les élec-*
« *tions.* (1) »

Voilà ce qui s'appelle saisir *le fin des choses.*

— « Un général demandait à un autre *mille hommes*
« de cavalerie pour *prendre Abd-el-Kader.* (2) »

Ah! pourquoi ne pas faire connaître les noms de ces
deux guerriers, dont l'un avait ainsi quelque mille
hommes de cavalerie au service d'un camarade, et dont
l'autre n'attendait que cela pour prendre Abd-el-Kader.
C'est une fâcheuse lacune, mais continuons.

« Général, lui fut-il répondu, vous avez trouvé la
« fortune en poursuivant l'émir, n'empêchez pas les
« autres d'en faire autant. »

Quand nous disions que certaines feuilles parisiennes
avaient une manière charmante de comprendre la
guerre d'Afrique!

---

(1) *L'Esprit publique.*
(2) *Le National.*

Les excentricités précédentes se lient à un genre de grief très répandu contre le militaire. On le suspecte de *vouloir la guerre*, et, qui pis est, de *la perpétuer exprès*.

Le simple vœu serait d'un *mauvais citoyen;* l'acte constituerait un crime de *haute trahison*.

Mais cela n'arrête pas tant d'honnêtes gens qui consacrent leur encre au salut de la patrie; ils formulent une accusation pareille sans daigner produire à l'appui des preuves positives. Faute de preuves, ils invoquent la suspicion : c'est *l'intérêt* du militaire. Cela suffit.

O publicistes désintéressés, l'avocat n'a-t-il pas *intérêt* à l'accroissement des procès et des crimes, le médecin à celui des maladies; vous supposerez donc qu'ils désirent, et ne manqueraient point à l'occasion, de faire tomber ces maux sur la tête de leurs semblables? Combien de gens peuvent trouver un bénéfice personnel dans les malheurs publics ? Y travailleront-ils pour cela! Allez plus loin, pénétrez dans toutes les familles, vous y rencontrerez à chaque pas *l'intérêt de l'héritage*. Que deviendra l'espèce humaine entière, soumise au dissolvant de votre pessimisme?

Chose étrange ! L'esprit militaire est un de ceux qui lui résisteront le mieux. En effet, vous voulez que l'égoïsme lui inspire le dégoût de la paix : soit ; mais l'entraînera-t-il, comme vous dites, à *perpétuer la guerre ?* Ici, l'on vous arrête.

Comment! Le général qui tient une victoire dans sa main la laisserait échapper, afin de prolonger la lutte où d'autres le dépasseront peut-être. C'est faire bon marché de l'intérêt personnel qu'on invoquait, et de l'amour-propre dont on ne parle pas.

Rome vit des proconsuls risquer le succès d'une bataille prématurée, plutôt que de laisser la gloire d'en finir à leur successeur désigné. L'histoire moderne nous offre vingt exemples de rivalités funestes, dont la commune ambition était toujours de porter les coups décisifs. Un général se faisant battre ou refusant de vaincre : voilà ce qu'on n'a pas encore vu.

Et c'est tout simple. En lui supposant même le coupable désir d'éterniser la guerre, ce ne pourrait être aux dépens de ses propres succès ; car enfin, qu'espère-t-il d'un prolongement d'hostilités? Apparemment des occasions de se distinguer ? Or, l'occasion venue, il la laisserait échapper ; il lâcherait la proie pour l'image. Inconséquence ridicule.

Imaginez donc, libre à vous, que chacun de nos généraux ait fait des vœux ardents en faveur de l'émir traqué par ses collègues, mais admettez aussi que chacun ait couru sur ses traces avec d'autant plus d'âpreté, puisque cette capture l'aurait mis au-dessus de tous ses rivaux.

Au résumé, l'état de guerre importe beaucoup à l'avancement des officiers subalternes qui n'ont aucune voix au chapitre ; il intéresse médiocrement celui des chefs auxquels la tenue politique, la bonne administration d'une grande province, offrent autant d'occasions

de mériter les faveurs du gouvernement et d'accroître
leur renommée. Enfin, pour celui qui, plus que tout
autre, influe sur ces questions de paix ou de guerre,
pour M. le maréchal-gouverneur, il n'existe plus, depuis
deux ans, aucune récompense possible, quelque service
qu'il trouvât moyen de rendre à son pays. N'est-ce pas
là, aux yeux des pessimistes, le meilleur gage d'une
conduite *désintéressée*.

Personne, jusqu'ici, n'a trouvé le secret de vivre en
paix quand son voisin voulait la guerre. Une volonté
pacifique ne suffit pas ; il en faut deux. La nôtre, en
Algérie, sera paralysée toutes les fois que le vent de
l'insurrection soufflera sur les tribus arabes. L'art de
les gouverner renferme donc implicitement le grand
secret de la pacification.

C'est encore là un des sujets dont on se doute
le moins, dont on parle le plus. Au lieu de s'en rap-
porter aux opinions, aux documents des chargés
d'affaires arabes, qui seuls ont pénétré dans la vie intérieure des tribus ; on raisonne à son aise au milieu du
vide des grandes théories politiques et philantropiques.
Ces professeurs se divisent en deux partis ; les *Philanthropes* et les *Arabophobes*. Beaucoup en changent du
jour au lendemain, quelquefois même d'une ligne à
l'autre.

Philanthropes, fusionistes, civilisateurs pacifiques,
tous ces idéologues semblaient depuis longtemps mis en
déroute, lorsque l'auteur de la *France en Afrique* vint

relever leur bannière. Ce nouveau venu prenait les choses d'un peu haut : l'Algérie ne lui suffirait pas, il lui fallait l'Afrique entière. Toutefois, il nous rassurait sur les conséquences belliqueuses de ses projets :

« *Est-ce la conquête par les armes? Non.*

« La politique de l'agrandissement par la guerre est « une vieille politique, mauvaise, car elle est brutale « dans un siècle qui a fait prévaloir la liberté de la « discussion, etc.. La vraie politique, la politique puis- « sante est désormais celle de l'agrandissement par la « paix, etc., etc.

« Bref : *C'est la conquête par la civilisation avec des* « *points d'appui.* »

Et savez-vous quels sont ces points d'appui? — Le Sénégal, les comptoirs d'Assinie, du Gabon, les îles de Nossibé, de Mayotte et l'Iman de Mascate.

> Certes, l'on ne s'attendait guère
> A voir Mascate en cette affaire.

Ah! que vous êtes cruellement français, monsieur le civilisateur! Les Romains appelèrent la Méditerranée leur *mer intérieure,* quand ils eurent achevé la con- quête de tous les pays qu'elle baigne ; nous, dans un temps où nous possédions à peine deux cents lieues de son littoral, nous l'avons surnommé le *Lac Français.* Aujourd'hui nous posons à peine un pied ferme sur un coin de la terre d'Afrique, et déjà l'Afrique entière est à nous.

Des billevesées de cette force peuvent apprendre de quels écarts devient capable une imagination qui n'est

réglée par aucune connaissance matérielle et positive
des sujets qu'elle embrasse. Nous voyons d'ici cet auteur,
et tant d'autres, travaillant dans le cabinet, les yeux
fixés sur une carte générale d'Afrique, où sont marqués à l'encre rouge tous les établissements français.
On les trouve nombreux, ils enserrent le continent,
chacun est devenu le centre d'une petite exploitation
dans l'intérieur, d'un petit commerce avec les indigènes.
Ne peut-on pas étendre l'un et l'autre? Ne peut-on pas
finir par se donner la main, en partant de points opposés? Il faut l'avouer, la carte d'Afrique est bien tentante à cet égard; elle n'est pas encombrée d'obstacles
naturels et pour bonnes raisons. On y lit : *grand désert,
région inconnue.* Du reste, point de montagnes, point
de fleuves, point de lacs, point de mers indiquées : cela
se traverse en ligne droite. Et puis, à force d'examiner
de haut et d'ensemble, on finit même par oublier que
ces lignes droites ont quelque mille ou quinze cents
lieues, et l'on commence d'étudier, pour l'empire *franco-africain,* le tracé d'un chemin de fer allant d'Alger
au Cap, avec embranchement sur Mozambique et le
Fort-Louis.

Quant à l'illusion morale, elle est encore plus naturelle que l'illusion physique. Vous êtes Parisien de fait
et d'inclination; la vie parisienne, avec tous ses raffinements, vous semble l'idéal de la perfection, le comble
du bonheur. Vous n'avez vu de vos yeux, Arabe ni sauvage, et vous imaginez que ces gens-là tombent en admiration devant notre manière d'être ou de faire, qu'ils
éprouvent aussitôt un besoin impérieux de suivre notre

exemple, d'imiter, d'innover. Dès lors, il n'y a plus d'obstacle. La civilisation fait ses conquêtes d'elle-même ; *ne se répand-elle pas comme l'air, comme la lumière, sans qu'on puisse lui tracer une enceinte qu'elle ne franchira pas?* Tout cela ne fait pas un doute. *Pouvons-nous lui défendre impérieusement d'aller plus loin?* Mais ce serait barbare. Ces pauvres *Africains du continent reconnaissent librement notre supériorité sociale ; ils cherchent avidement à profiter de nos exemples.* Ce serait bien mal de les en empêcher.

Pour ceux qui habitent le pays, les impressions matérielles et morales sont toutes différentes. S'ils considèrent une carte d'Afrique, ils y trouvent l'Algérie si petite que les grandes divisions géographiques en sont à peine conservées; s'ils y cherchent l'espace où, après seize années d'occupation, nous avons réussi à créer une société européenne, ils trouvent que cet espace est représenté par un point. Reportent-ils les yeux sur la population arabe? ils n'y distinguent pas un homme, même parmi ceux qui nous appartiennent, dont les idées, les mœurs se soient réellement modifiées dans le sens de notre civilisation ; pas un que la moindre habitude nouvelle ait placé sous notre dépendance.

———o◦———

Ce jugement sera taxé d'exagération par des personnes qui, pour s'être promené plusieurs jours dans la ville d'Alger, pour avoir vu deux Mozabites au théâtre, beaucoup de filles portant des bas, **quelques jeunes**

Maures parlant français, et tous les Juifs mêlant, comme ils le peuvent, notre costume au leur, croient à des progrès lents, mais positifs, de la civilisation.

Hé ! que nous importerait, en l'admettant, cette transformation des races juive et maure ? Que nous importent ces deux races ? Les Arabes, les Kabyles ont-ils fait, feront-ils un seul pas vers nos idées : tout est là !

L'autorité supérieure a essayé plus d'une tentative à cet égard. Esprits souples et courtisans, les indigènes, dans l'état de soumission, cherchent à nous complaire par d'apparentes concessions. Tel, paraîtra charmé qu'on lui bâtisse une maison; tel autre, vous fera servir un repas, sur une table, avec de la vaisselle et des couverts. Et puis, vous apprendrez plus tard que l'un continue de vivre sous la tente, l'autre de manger à pleines mains.

Mille anecdotes constateraient au besoin ce genre d'illusions. En voici une.

C'était au camp : la musique militaire faisait entendre une valse délicieuse. Un très grand personnage l'écoutait, assis devant sa tente, avec une complaisance si visible, qu'un chef arabe, venu pour lui faire sa cour, crut devoir s'en montrer également ravi.

Ha! ha! Cet air te plaît, dit le grand personnage; comprends-tu, sens-tu bien la mesure? Une, deux, trois; une, deux, trois. Et le geste accompagnait la voix.

L'Arabe imitait le geste en répétant aussi : une, deux, trois, une, deux, trois. Puis il ajouta tout-à-coup d'un air fin : *arbâ macach* : Jamais quatre ?

Sans cette réflexion, il eut passé pour un Arabe mélomane.

Nos philosophes pleins de confiance dans leur dialectique, se font forts d'éclairer ces barbares par la discussion. Qu'ils aillent donc, qu'ils discutent ! L'expérience leur apprendra que le terrein manque, et qu'on est fort embarrassé de conclure avec des gens qui rejettent toutes vos prémisses.

Peut-être en reviendront-ils eux-mêmes convertis? Peut-être, de cette tentative, rapporteront-ils, comme beaucoup d'autres, la conviction intime que notre contact promet aux indigènes des maux incalculables en échange de bienfaits imaginaires.

La société arabe ne connaît ni les splendeurs ni les misères de la nôtre. On n'y trouve pas d'individus trônant sur des millions, on n'y sait pas non plus ce que c'est que de mourir de faim. La même chose a lieu dans l'ordre moral : les grands savants, les grands artistes manquent; mais l'intelligence des basses classes est beaucoup plus développée : dans leur sein, vous ne rencontrez ni l'abrutissement de nos manœuvres, ni la stupidité de nos campagnards. Parlez raison à l'artisan, demandez votre route au paysan, et vous verrez ce qu'ils répondront. Interrogez le dernier des Arabes, il vous renseignera sur tout ce qu'il a vu, justifiera ses opinions et sa conduite, vous étonnera par sa finesse.

La civilisation spécialise toutes les facultés : les gens d'en haut deviennent des *intelligences*, ceux d'en-bas des *machines*. Dans l'état que nous nommons barbare, chacun reste homme, chacun est obligé de *penser* et *d'agir*.

S'en suit-il que nous établissons un parallèle entre
ces deux conditions sociales. Le parallèle serait oiseux,
car nous n'avons pas à choisir, ni les autres non plus.
Croyez-le bien. Ces résultats divers appartiennent en
propre aux deux races, comme la conséquence inévi-
table de leurs tempéraments natifs. Direz-vous à l'homme
nerveux : fais-toi sanguin? à l'homme sanguin : de-
viens nerveux? Non, vous donnerez ce conseil à chacun : étudie avec soin les exigences de ta nature, et
règle ton hygiène là-dessus.

Ce qui convient à l'un ne convient pas à l'autre. Il
convient à notre génie de faire suer l'argent et le sol,
d'épuiser toutes les forces humaines à produire, à mul-
tiplier la richesse. Il convient au génie arabe de per-
sister éternellement dans la vie pastorale, qui résout
pour lui le grand problème de l'aisance sans le travail.

Vous dites à l'indigène : Je te prendrai la moitié de
ta terre, mais je t'apprendrai l'art de faire fructifier le
reste.

Ne me prends ni ne m'apprends rien, répond-il; je
possède et je sais ce qu'il faut pour vivre comme l'ont
fait mes pères.

Savez-vous que diminuer sa terre, c'est réduire aussitôt la quantité de son bétail? Savez-vous que placer
votre richesse à côté de son aisance, c'est convertir en
misère celle-ci?

Autrefois, une famille riche d'Alger, vivait une semaine sur un douro : aujourd'hui elle aurait besoin de
ce douro chaque jour. Ses ressources ont-elles grandi
dans la même proportion? Non certes, quand même

tous les hommes qui la composent travailleraient dix
heures par jour. Dix heures consacrées jadis au plaisir
ou au repos !

Après cela, doit-on s'étonner si, depuis des siècles,
la civilisation européenne s'est offerte aux yeux des
Arabes sans leur inspirer le goût de l'imitation. Loin
de l'adopter avec ardeur, ils l'ont étouffé à Oran, ils
la tiennent encore prisonnière à Ceuta et à Mellila.
Leur instinct déjoue nos sophismes.

Jetons donc loin de nous ce masque de *philantropie
humanitaire* qui n'abuse personne, et ne rougissons pas
d'un mobile qu'on cherche en vain à flétrir sous le nom
d'*étroit patriotisme*. Notre établissement en Algérie ne
deviendra pas un bienfait pour la race indigène, mais
une ressource pour la nôtre. Voilà la vérité.

Par conséquent aussi, n'attendons rien de la discussion, tout de la force. Voilà le précepte.

———o o———

Les arabophobes sont des gens à procédés sommaires.
Ils ne connaissent que l'extermination ou le refoulement. Non pas qu'au fond ils détestent beaucoup les
indigènes ; mais ils veulent à tout prix s'emparer de
leurs terres. Au lieu de les indemniser, ils les tueront.
Pure économie.

Entre l'extermination et le refoulement, ne prenez
pas la peine de choisir ; car les deux moyens n'en font
qu'un. Le refoulement d'une population nombreuse
vers ces régions du Sahara, trop infertiles pour nourrir

seulement quelques tribus nomades, n'est-ce pas son
extermination présentée sous une autre forme ?

On regarde apparemment comme une petite affaire de
détruire un peuple qui compte cinq ou six cent mille
combattants ; on ne prévoit pas le degré de résistance
dont il sera capable dans son désespoir, on ne calcule
pas combien d'années, combien d'armées nous consu-
merions dans cette lutte épouvantable.

Mais à quoi bon faire ressortir des dangers d'exécution, lorsque la monstruosité morale d'un semblable
projet saute d'abord aux yeux. Dût cet horrible expédient affermir à jamais notre conquête, résoudre sans
délai toutes les difficultés qui l'enveloppent, et se trouver accompli aussitôt qu'ordonné, la France le repous-
serait avec horreur. Quel ministre oserait effacer, d'un
trait de plume, deux ou trois millions d'hommes de la
liste du genre humain ?

Cependant, objectera-t-on, si l'on ne peut ni les *détruire*, ni les *civiliser* ; qu'en faire ? — Eh ! mais, les
gouverner !

———◦◦———

Une tâche quelquefois ingrate est imposée à tout
vainqueur : celle de gouverner le vaincu. De grandes
nations conquérantes y ont réussi, sans éteindre, ni
s'assimiler les nations conquises. Rome qu'on cite éternellement, respectait les lois et les mœurs des peuples
subjugués, elle ouvrait à leurs dieux son Panthéon.
Aussi sa domination devint le modèle des conquêtes
durables.

Chez nos Arabes, une organisation conforme à leurs besoins et à leurs vœux venait d'être instituée par Abd-el-Kader. Le gouvernement français la maintint, en se réservant de garder ou de changer les fonctionnaires, suivant le degré de confiance qu'ils semblaient mériter de notre part. On s'efforça de choisir les chefs dans les familles aristocratiques ; seul moyen de leur conserver une partie de l'influence qu'ils perdent nécessairement le jour ou ils revêtent notre burnous d'investiture : c'est-à-dire qu'on fit, en Afrique, ce que l'Empereur avait fait dans les capitales de l'Europe : on proclama le maintien de tout ce qui compose la famille, la cité, l'état, de tout ce qui touche à la piété, aux mœurs, à la sécurité publique, et l'on plaça ces intérêts sacrés sous la sauvegarde des hommes les plus considérables de la nation ennemie.

L'adoption de ce système n'implique nullement que *le vainqueur*, comme on s'en est plaint, *renonce à commander au vaincu*. Les amendes, les impôts, les corvées fournissent la preuve du contraire ; seulement il lui commande par la voix mieux connue et plus conciliante de ses anciens chefs. Mais des esprits superficiels ont voulu mettre une question d'amour-propre dans ce prétendu calque du mécanisme administratif d'Abd-el-Kader.

« Un enfant de la plaine d'Eghrës a bien pu puiser
« dans l'éducation qu'il avait reçue au foyer paternel
« les éléments d'un système gouvernemental complet ;
« mais, nous, Français, fils du peuple qui a dicté des
« lois à toute l'Europe, nous ne le pouvons pas.

« Abd-el-Kader a trouvé, parmi les quelques ber-
« gers qui l'entouraient, des centaines d'hommes ca-
« pables de faire des aghas, des khalifas, et nous na-
« tion de trente-cinq millions d'habitants, nous qui
« avons envoyé en Algérie des milliers de soldats et
« d'officiers, l'élite de la France, nous n'avons encore
« trouvé que trente officiers sachant l'arabe et ayant
« à peine quelques notions des lois, mœurs et usages
« des indigènes ! (1) »

Jamais l'amour-propre et la présomption tant repro-
chés à la gent irritable des lettrés n'éclatèrent dans un
plus beau jour. Quoi ! *Un enfant de la plaine d'Eghrës*
en saurait davantage sur l'Afrique qu'*un homme de
lettres parisien ! Il connaîtrait mieux les Arabes, pour
avoir vécu quarante ans* avec eux, qu'un écrivain qui
a dans sa bibliothèque quarante volumes où il en est
parlé ! Comment ! Abd-el-Kader a pu trouver (non
parmi les bergers, c'est trop bucolique ; mais dans les
grandes familles du pays), des aghas et des khalifas
sachant parler leur propre langue, connaissant les lois,
mœurs et usages qu'ils avaient uniquement pratiqués
toute leur vie, et nous n'avons encore, nous, qu'une
trentaine d'officiers dans ce cas. De pareils faits sont
trop humiliants pour être crus. Fussent-ils vrais, c'est
une trahison de les publier ; c'est nous faire rougir, nous
Français, nous, *nation de trente-cinq millions d'habitants,* nous, *fils du peuple qui a dicté des lois à toute
l'Europe.*

---

(1) *Algérie.*

Les auteurs de ces réflexions judicieuses proposaient
d'enlever la direction des affaires arabes aux officiers
(*l'élite de France*, selon eux), pour la donner à des
fonctionnaires civils, à des savants, à des médecins, qui
jouiraient, disaient-ils, d'une considération plus grande
parmi les indigènes. Ces conseils rappelaient ceux de
M. *Josse* et n'étaient guère plus spécifiques. Nos savants ne possèdent point la seule science qu'estiment
les musulmans, celle du texte et des commentaires sacrés; quant aux médecins, on en attache à tous les
bureaux arabes, afin de ne pas négliger un moyen d'influence aussi légitime que charitable; mais quiconque
a vu de près les indigènes sait bien que, si parfois une
très grande autorité appartient à leurs savants, l'exercice
du pouvoir proprement dit n'en réside pas moins entre
les mains des guerriers. Ce sont donc nos agents militaires qui doivent commander les Arabes.

Le ministère et le gouvernement local sont entrés
dans la seule voie qui puisse conduire à une dénationa-
lisation graduelle et pacifique de la race vaincue. Ils
ont agi conformément à l'expérience de tous les siècles.
On se demande comment des vérités qui paraissent in-
contestables en histoire et en politique générales, cesse-
raient tout-à-coup de l'être, parce qu'il s'agirait
d'Arabes ou de Kabyles. Sans doute, entre eux et nous,
règnent des dissemblances fondamentales; loin de nous
faire aucune illusion à leur égard, nous les croyons in-
destructibles; mais les caractères essentiels de l'humanité subsistent nécessairement partout. L'amour de la
famille, de la propriété, du bien-être sont, quoi qu'on

ait pu dire, aussi puissants sous la tente du barbare que sous le toit de l'homme civilisé. Chez l'un, comme chez l'autre, ce grand intérêt domestique peut céder monmentanément la place à des passions plus vives ; mais il reparaîtra toujours, toujours il assurera la victoire définitive au pouvoir qui l'aura su mettre de son côté. Tel est le rôle que nous commençons à prendre vis-à-vis les indigènes, et si tous ne l'ont pas compris, car cette conviction chez eux ne peut être que l'œuvre du temps, beaucoup, du moins, ont témoigné par leur conduite dans la dernière guerre qu'ils en avaient déjà un pressentiment éclairé (1).

Toutefois l'accueil favorable que rencontra la grande tentative de restauration d'Abd-el-Kader, en 1845, semble à des esprits absolus la condamnation de notre système politique envers les indigènes. Sans s'accorder sur ses défauts, et même en le blâment tour-à-tour comme trop doux ou trop tyrannique, on se croit en droit de prétendre que l'évènement l'a jugé. Dans tous les cas, avant d'y renoncer, ce qu'il faudrait produire ce serait un autre système également pratique, offrant en outre l'avantage de prévenir toute espèce de révoltes chez un peuple fanatique, aux instincts belliqueux et soumis de la veille. Certes, l'invention ferait époque dans l'histoire.

Les révoltes des indigènes ont pour aliment des prophéties universellement accréditées qui annoncent en effet notre règne, mais aussi notre expulsion par un envoyé

---

(1) Particulièrement dans l'est de la province d'Alger, grâce à la direction si habile, imprimée par M. le colonel Daumas.

du Seigneur. De cette donnée superstitieuse sont sortis divers fanatiques ou imposteurs : d'autres naîtront encore. L'insuccès de chacun d'eux dément le caractère saint dont il se revêtait, mais sans fermer la carrière à d'autres; l'Arabe vous répond : ce n'était point le *Moule Saâ* (maître de l'heure); et il recommence à l'attendre. Mais plus nous abattrons de ces prétendus missionnaires, plus nous décréditerons les prophéties hostiles. De guerre lasse on les oubliera.

Ceci montre combien s'abusent les personnes qui rattachent à Abd-el-Kader toute espèce d'agitation, le redoutent, le surveillent lui seul, et s'imaginent qu'aucune difficulté ne resterait à aplanir le jour de sa capture ou de sa mort.

Que d'opinions étranges n'a-t-on pas émises sur cet homme célèbre! Sans parler des faiseurs de biographies populaires, les rédacteurs d'une feuille spéciale (1) l'ont élevé sur un piédestal. Non contents de lui reconnaître une rare intelligence, une indomptable volonté, l'art des expédients et la connaissance des hommes, ils lui ont décerné un génie extraordinaire. Leur goût du paradoxe se plaisait sans doute au contraste du chef de partisans insaisissable avec son petit goum, et du général impuissant à la tête de ses cent mille hommes.

Ce phénomène si fréquent dans l'histoire n'a plus de mystère, aujourd'hui que l'on se rend mieux compte des ressources latentes d'un peuple. D'ailleurs, l'exemple

---

(1) *L'Algérie.*

récent de Mina prouve à quel point l'on peut échouer dans le rôle de général en chef, après avoir acquis une immense réputation dans celui de partisan.

Ce n'est pas tout, on portait aux nues les lumières de l'émir, sa *générosité*. On lui attribuait (conte à dormir debout), le renvoi, sans *aucune condition*, d'une centaine de prisonniers Français, en 1842, et l'on se plaignait que M. le maréchal Bugeaud *ne l'en eût pas même remercié*.

Ailleurs on reprochait à ce dernier de ne vouloir que *la mort* de l'émir et de lui refuser toute *capitulation* ; comme si les démarches d'Abd-el-Kader avaient jamais eu d'autre objet qu'une trève ou la paix : c'est-à-dire une reconnaissance implicite de sa souveraineté.

Puis, à l'occasion du massacre exécuté dans la Deïra :

« Nous ne croyons pas qu'Abd-el-Kader ait or-
« donné le massacre de nos prisonniers, car nos pri-
« sonniers avaient reçu l'aman, et ce serait la première
« fois de mémoire d'homme que l'aman d'un descen-
« dant des Oulad Sidi Kada Ben Mokhtar aurait été
« violé. (1) »

Ensuite, on l'excusa sur ce qu'il ne pouvait plus *les nourrir*, les *habiller les protéger*.

Enfin, on rejeta la faute sur M. le général Jusuf, qui, par sa conduite au *combat d'El-Ghazza et depuis, aurait bien pu pousser l'émir* à ces sanglantes représailles. Représailles anticipées, dans tous les cas, puis-

---

(1) Toujours l'*Algérie*.

que le combat d'El-Ghazza date du 13 mai et le massacre de la Deïra du 27 avril, une quinzaine auparavant.

Au reste, pour montrer la bonne foi qui présidait à
toutes ces sortes de déclamations, il suffira de citer le
passage suivant d'un journal (1) qui s'était élevé, plus
tôt et plus violemment qu'aucun autre, contre l'exécution des grottes du Dahra, dont nous reparlerons
ailleurs.

« Il s'agit de savoir décidément, si l'on veut, ou bien
« *exterminer* les Arabes, ou seulement les *refouler* vers
« le désert et par de là les frontières du Maroc ; *il n'y a*
« *pas de milieu dans cette alternative.*

Triste tactique, de se montrer tour-à-tour bienveil-
lant ou impitoyable envers les indigènes, philanthrope
ou arabophobe, selon les exigences de la polémique
journalière !

Il était réservé à une petite feuille d'opposition locale (2) de donner du plaisant à toutes ces contradictions
en les rassemblant par mégarde dans un seul article
fait à coups de ciseaux. Sa prétention était d'enseigner
le moyen *d'éviter la guerre* en Afrique, ou tout au
moins *d'y mettre un terme*. Voici comme :

« Nous avons été dupes de notre philanthropique
« manière de guerroyer : si tant est que le refoulement
« ou la destruction des ennemis indigènes soit une
« monstruosité, qu'on ne les ménage plus lorsqu'ils de-
« viendront insoumis. »

---

(1) *Le Courrier Français.*
(2) *L'Echo de l'Atlas.*

— D'accord, ces principes sont admis par ceux même qui dirigent cette guerre philanthropique, mais vous voyez qu'en France on la taxe de barbarie. Auquel entendre?

« Qu'on réprime leur audace une bonne fois pour « toutes; ne faisons plus la guerre par razzias.....

— Quoi ! *réprimer* d'une part, de l'autre, ne plus faire de *razzias*, quand c'est l'unique moyen de répression qu'on ait trouvé jusqu'à présent... L'auteur en va peut-être proposer un autre.

« Plus de guerre, aussitôt que possible ; on a beau « dire, elle est un fléau.

— *On a beau dire* ! Qui jamais a dit le contraire ? veuillez seulement, nous apprendre *la manière de l'éviter*.

« Nous pouvons y mettre fin avec nos 100,000 hom- « mes, ou bien nous ne le voudrons pas.

— *Y mettre fin* : dites comment ?

« Dans le cas contraire, il faudrait dire que le sol- « dat français n'est plus rien sous les armes.

— Eh ! Monsieur, il ne s'agit pas...

« On n'osera pas en venir à dire que le soldat fran- « çais d'aujourd'hui a dégénéré.

— Diable d'homme ! Revenez au fait.

« Ayons bonne intention et veuillons franchement « terminer nos courses stériles, cesser de fatiguer nos « hommes.

— Ah ! bon ! Que faut-il faire alors ?

« Traquons l'ennemi, nous le pouvons avec nos « nombreuses colonnes.

— Bah ! vous venez de l'interdire : *qu'on cesse de fatiguer nos hommes.*

« Il faut pour nous résumer....

— Vous résumer, bon dieu ! Eh ! vous n'avez rien dit sur la question.

« Il faut, pour nous résumer, *la cessation de la* « *guerre...*

— Belle conclusion et digne de l'exorde !

« En état de guerre les hommes recueillent des lau-« riers, la paix leur donne l'olivier et l'abondance. »

A part cette image fraîche et pastorale dont aucun Parisien ne se fût avisé, voilà dans quel cercle logique les journaux de la gauche promènent, depuis dix-huit mois, leurs lecteurs. C'est une belle campagne... qu'ils leur font battre.

———o o———

Ici l'enchaînement naturel des idées nous amène en présence d'un incroyable débordement d'injures, d'outrages et de calomnies, dont les pires organes de la presse s'étaient à peine salis dans les plus mauvais jours de notre histoire. Contre qui s'élevait ce *tolle* menaçant ? Contre un général victorieux, chargé du poids d'une grande guerre et commandant notre armée nationale ; c'est-à-dire dans une position telle, que la moindre atteinte portée à la confiance qu'il inspirait eût attiré sur le pays les plus fâcheuses conséquences.

Heureusement, il nous est permis de dévier un peu pour éviter cet affligeant spectacle. Notre seul but dans

cet écrit est de signaler des erreurs de l'opinion publique : or l'opinion publique, en ce temps-ci froide et
sur ses gardes, refusa d'épouser des haines personnelles
que leur cynisme même démasquait. On la trompe
encore quelquefois, mais non pas si grossièrement.

Parmi toutes les inventions qui surgirent alors, une
seule fut plaisante, mais en même temps d'un mérite
réel et digne de figurer dans la catégorie des procédés
généraux dont on se sert pour *démolir un homme.*

Laissons s'exprimer l'auteur (1).

« *Le Constitutionnel* publie aujourd'hui une de ces
« lettres par lesquelles M. le maréchal Bugeaud cherche
« à se justifier aux yeux de la France. On comprend
« de suite la *confiance* que mérite une correspondance
« de cette espèce, et combien sont respectables et désin-
« téressées, les sources auxquelles va puiser *le Cons-*
« *titutionnel.* Nous ne nous arrêterons donc pas à dis-
« cuter les opinions de M. le gouverneur-général de
« l'Algérie, il y aurait plus que de la *niaiserie* à le faire.
« Ce serait leur donner une importance qu'elles ne
« méritent assurément pas. »

A la bonne heure ! Voilà de la franchise. Peut-on
exprimer plus crûment l'intention formelle de condamner un homme sans l'entendre ?

Quelque sot aurait dit : c'est précisément dans le
cas où cette correspondance sortirait de la plume de
M. le maréchal-gouverneur, qu'il conviendrait de la

(1) *L'Esprit public.*

lire avec soin, d'étudier ses raisons et de les discuter. Voyez ou cela conduisait !

La nouvelle méthode a des applications charmantes. Ainsi, le président d'un tribunal après avoir ouï le ministère public, se débarrasse ainsi de l'avocat du prévenu : maître *un tel*, la cour *ne s'arrêtera pas* à vous entendre, elle a tout lieu de croire que vous n'êtes pas *désintéressé* dans l'affaire : il y aurait *niaiserie* de sa part à vous accorder la parole.

Notez que les deux cas sont identiques.

Pardevant le tribunal suprême de l'opinion publique, M. le maréchal Bugeaud est solennellement accusé.

La Presse lui impute des propos grossiers contre M. le ministre des affaires étrangères, et lui prête, pendant une revue, des discours tellement insensés que l'on est obligé, dit-elle, de *l'interrompre* et de *l'entraîner*.

Le Courrier Français l'accuse d'avoir fait dire par *son Moniteur* que l'expédition de M. le duc d'Aumale était *insignifiante*.

L'Algérie déclare *qu'il n'a pas gagné* la bataille d'Isly et que nos prisonniers ont été massacrés par ce *qu'il lui a plu ainsi*.

Le National le traite de *pacha révolté*, de *sultan*, *d'autocrate*.

L'Esprit Public l'appelle *menteur*, *jongleur*, *matamore* et *gascon*.

Tous affirment *qu'il prolonge la guerre* pour son plaisir, qu'il *entreprend la conquête de la Kabylie* malgré le ministre et les Chambres, qu'il persécute les colons, *fait violer leur correspondance*, les *embarque pour la France* au gré de son caprice, etc., etc., etc.

Le réquisitoire est sévère, il ne ménage pas les termes, et l'on aurait envie de se défendre à moins. Supposons que ce soit, et que M. le maréchal demande à présenter quelques observations, par exemple à prouver son extrait de naissance à la main, qu'il n'est pas né dans la Gascogne.

Imaginerez-vous qu'on va l'entendre ?

— Nullement : il n'est pas désintéressé.

— Mais un accusé ne peut l'être.

— Ne serait-on pas *niais* dès lors de lui accorder *sa confiance* ?

— Il n'invoque pas la confiance, il fait appel à la raison.

Voici ses preuves.

— Des preuves *de cette espèce* !

— Hé ! prenez donc au moins la peine de les examiner.

— Non, non, mille fois non. *Ce serait leur donner une importance qu'elles ne méritent assurément pas.*

Il suffit : les débats sont clos ; et l'opinion publique va juger là-dessus en dernier ressort.

————o o————

Outre les questions précédentes qui se rattachent à la guerre, au gouvernement des Arabes, etc., l'Algérie en présentait une des plus simples en apparence : celle du régime convenable pour la population civile européenne.

Un journal (1) prétendit en faire sa spécialité, inscrivit sur sa bannière : *Réunion à la France, institutions civiles*, et, de son propre chef, se proclama l'organe des colons algériens.

Ingrats colons ! Leur interprète vécut l'espace d'une année.

Mais il n'a pas péri tout entier... On attache encore parfois son cadavre cuirassé sur le *dada* des préfectures algériennes, et, comme le Cid, il continue d'épouvanter, après sa mort, les *pachas*, les *traîneurs de sabre* et tous les infidèles du ministère. *L'Esprit public* s'est fait l'écuyer de ce spectre et le guide dans la mêlée.

La Presse ne pouvait pas manquer une occasion si belle de compléter ses divagations sur l'Algérie. Aussi s'est-elle depuis longtemps constituée le champion des idées civiles.

Il y a des gens qui aiment à reprendre les choses *ab ovo*.

Quel est le principe constituant du pouvoir législatif que le gouvernement exerce en Algérie ? Il n'en existe aucun, répond *La Presse*, et elle se hâte d'ajouter : *cet état de choses est grave.*

Nous ne voyons de *grave* en cela que l'erreur du prétendu légiste.

Le principe constituant de tous les pouvoirs qui fonctionnent en Algérie est l'article 25 de la loi du 24 avril 1833 dont voici les termes :

---

(1) *L'Afrique.*

« Les établissements français dans les Indes-Orientales
« ET EN AFRIQUE, et l'établissement de St-Pierre et
« Miquelon continueront à être régis par des ordon-
« nances du roi. »

A la lecture d'un texte aussi clair, aussi péremptoire,
on se demande s'il est humainement possible d'élever
aucun doute sur sa signification. L'Algérie est-elle en
Afrique. Oui, ou non. Cependant on objecte encore,
car on objectera toujours.

— L'article 4 de l'ordonnance du 22 juillet 1834
porte que nos possessions dans le nord de l'Afrique
seront régies par ordonnances royales. Ainsi le gouvernement s'en conférait le droit à lui-même.

Point du tout : il énonçait là seulement son intention
de faire usage du bénéfice qui lui était acquis par cette
loi antérieure du 24 avril 1833.

— Mais cette loi n'entendait désigner que la colonie du Sénégal ; elle n'avait pas le moindre trait à notre
établissement du nord de l'Afrique.

Tant pis pour elle, son texte porte *Afrique* et non
pas *Sénégal*. Et puis, comme il est vraisemblable qu'en
1833 la Chambre tout entière ait oublié notre occupation de l'Algérie, et qu'aucun membre ne se fût aperçu
qu'on l'englobait implicitement avec votre Sénégal !

— Cependant la commission du budget en 1845 a
repoussé cette application de la loi de 1833, disant que
l'Algérie n'était point une *colonie*, mais une *conquête*.

En vérité ! Hé ! bien, cette commission-là s'est trompée comme beaucoup d'autres commissions. Sa distinction entre conquête et colonie est d'autant plus gratuite,

qu'aucun de ces deux mots n'est employé dans le texte de la loi, mais celui d'*établissements* qui ne peut prêter à l'équivoque. En 1833, nous étions certes établis sur la côte nord de l'Afrique. D'ailleurs, à l'avis erroné de cette commission du budget, nous opposons victorieuse- ment un arrêt de la Cour de cassation qui, en 1843, a rejeté un pourvoi motivé sur l'existence illégale du pou- voir judiciaire en Algérie, et l'a rejeté précisément en invoquant la loi du 24 avril 1833.

Est-ce un motif pour perpétuer ce régime indéfini- ment ? Non, sans doute. La législation faite en vue d'une colonie naissante peut être modifiée fort à pro- pos le jour où cet établissement a pris des proportions considérables.

Que les Chambres étendent donc en Algérie, avec sagesse et réflexion, leur puissance législative. Mais qu'on cesse de jeter le trouble et l'incertitude dans toutes les affaires actuelles, par des conclusions comme celle-ci :

« Comprenez-vous maintenant pourquoi les capitaux « français hésitent à s'engager en Afrique, malgré le « taux élevé de l'intérêt de l'argent ; et n'en trouvez- « vous pas, comme moi, la raison dans cette absence « de toutes garanties légales, dans cette extrême fra- « gilité de la base sur laquelle reposent les institutions « de ce pays ? »

Puérile explication : car des milliers d'arrêts rendus par les tribunaux algériens, et maintenus par la Cour de cassation, prouvent assez aux spéculateurs pratiques, le règne incontestable du Code civil dans notre colonie.

Mais le *Code civil* ne suffit pas : on demande bien autre chose. Toutefois, c'est justice d'en convenir, la fureur des requêtes s'est depuis quelque temps un peu calmée.

Le journalisme est une mouche qui s'attache de préférence aux coches embourbés, gravissants, roulant mal. Il s'occupait beaucoup de l'Algérie, l'année dernière, à l'heure où son intervention n'y pouvait être que funeste. Il réclamait alors, et au sein même de la guerre la plus active, des travaux de colonisation, de routes, de villages, de ponts, d'assainissement, de barrages, etc.

Mais aujourd'hui le calme a reparu : pour ces grandes entreprises, le moment est propice : Va-t-on les rappeler, les réclamer, les prôner ardemment ? Forcera-t-on la Chambre de les prendre à cœur, de voter les fonds nécessaires?....

— Ah ! Que vous êtes de l'an passé, Monsieur. Il s'agit de toute autre chose : l'intérêt palpitant n'est plus là. Parlez-nous de l'Espagne, de Cracovie, de l'entente cordiale !

Pourtant *la Presse* a daigné nous apprendre *ce qu'il faut à l'Algérie.*

« Rien d'efficace ne s'y fera, tant que sa réunion « solennelle, son incorporation à la France, sa soumis- « sion au droit *civil* et *politique* qui nous régit, ne « seront pas un fait accompli..... Lui appliquer immé-

« diatement le régime des lois françaises, les *divisions*
« *territoriales* et les réformes administratives de la mé-
« tropole. »

Or, comme nous l'avons déjà dit, ce *code civil* que
l'on réclame est en pleine vigueur. Comment ignore-
t-on de telles choses ? Il ne devrait y avoir que le
Courrier français au monde pour se défier d'un mariage
contracté devant l'autorité militaire, et croire que celle-
ci puisse le *casser* de manière à *changer en bâtards
des enfants légitimes*. O *Courrier français* que vous êtes,
retenez bien ceci : les commandants de place et les in-
tendants militaires sont investis légalement du droit de
faire, sous les drapeaux, tous les actes de l'état civil.
On s'est marié, on a testé, dans les camps de l'empire,
aussi régulièrement qu'entre les mains d'un notaire de
Paris.

Pour en revenir à *la Presse*, ce sont donc les *droits
politiques*, les *formes administratives* de la métropole
qu'elle veut importer en Afrique.

Remarquons bien d'abord que, pour la satisfaire, il
ne faudrait pas prendre sa proposition tout-à-fait au
pied de la lettre. Car des territoires français placés dans
les conditions de révolte et de trouble où se trouve sans
cesse l'Algérie, seraient immédiatement déclarés en état
de guerre, et, comme tels, soumis à toute la sévérité
d'un régime militaire beaucoup moins mitigé que celui
de l'Afrique. Mais passons outre.

L'Algérie renferme une population civile d'environ
100,000 âmes, où les Français ne figurent guères que
pour la moitié. Les neuf dixièmes au moins ont l'unique

but de réaliser des bénéfices commerciaux, inséparables d'une armée de 100,000 hommes et d'un
budget de cent millions. Le reste se compose d'agriculteurs qui bravent tout pour changer leur condition de
métayer contre celle de propriétaire, d'ouvriers d'art
attirés par l'appât des gros salaires, enfin, de grands
spéculateurs, quelquefois résidant en France, et qui
ont acheté à vil prix, ou se sont fait concéder pour rien,
d'immenses domaines dont ils attendent patiemment la
plus-value.

Telle est la colonie civile : rien ne ressemble moins,
on le voit, aux éléments de la société française.

D'ailleurs, si l'on devient Français, d'après nos lois,
par l'adjonction du territoire, c'est une disposition qu'il
nous faudra modifier, en ce qui concerne les Arabes ;
car elle implique aussi la soumission au code civil ; or,
notre intention n'est pas assurément de leur enlever le
divorce, de les astreindre à la *monogamie*, etc., etc.
Quant à l'armée d'occupation, ces mesures ne l'atteignent point. Enfin, nous ne pensons pas qu'on rapporte,
en faveur des étrangers européens qui abondent en
Algérie, les règles ordinaires de la naturalisation. Ce
n'est donc pas encore de sitôt qu'ils peuvent y prétendre. Par conséquent, cette réforme dont on fait tant de
bruit ne concerne que nos colons nationaux au nombre
d'à-peu-près cinquante mille.

Ainsi, c'est pour administrer *cinquante mille* indivi-
dus, que vous demandez trois préfectures : Alger, Bone,
Oran, et sans doute une dizaine de sous-préfectures :
Blida, Miliana, Mostaganem, Tlemcen, Tenès, Philippe-

ville, Constantine, etc. Mais tous ces points sont isolés, les communes ne se touchent pas, elles se trouvent à des distances de vingt, trente, quarante lieues ; comment la police intérieure et la centralisation du pouvoir seront-elles possibles ? Vous aurez dans certains endroits un fonctionnaire par dix habitans ! Enfin, quand une ville naîtra du contact d'un camp militaire, comme : Tenès, Orléansville, Aumale, la constituerez-vous de suite ? Si deux cabaretiers s'y installent d'abord, ferez-vous l'un *maire* l'autre *adjoint?* Cependant vous ne pouvez pas les placer sous la dépendance de la commune la plus proche qui est à vingt-cinq lieues, et séparée par des tribus douteuses. Vous voyez bien qu'il faut absolument admettre le principe d'émancipation progressive qui a donné naissance aux zones militaires mixtes et civiles.

Passons encore sur tout cela. Voilà vos communes établies. Quelles seront leurs ressources ? Tout n'est pas bénéfice, savez-vous, dans les institutions municipales. A Alger même, où l'on se propose de les établir enfin, elles rencontrent des opposants. L'établissement de l'octroi renchérira les vivres, élevera le prix de la main-d'œuvre, et ses produits seront loin encore de faire face aux charges de la ville : éclairage, pavage, voirie, etc. Le gouvernement se propose de lui abandonner en outre l'octroi de mer et l'on doute que cela suffise.

Mais sans entrer dans ces menus détails, l'écrivain de *la Presse* ajoute en profond administrateur : *Les chemins vicinaux et communaux n'existent pas faute de Municipalités.*

— Eh ! non , Monsieur, *faute d'argent ?*

Eussent-ils une municipalité-modèle, où voulez-vous
que les pauvres habitants de ces villages improvisés, que
des cultivateurs dont le sol à demi-défriché n'indemnise
pas encore le travail, que des émigrants dont l'état a
payé le voyage et soutient encore l'existence, où voulez-
vous que tous ces gens-là trouvent un centime à verser
dans la caisse municipale? Or, point d'argent, point de
chemins. Un maire vous le dira tout aussi net qu'un
commandant de place.

Ces merveilleuses recettes d'institutions civiles sont
donc autant de remèdes à côté du mal. Et ne devait-
on pas s'y attendre ? Qui promet trop ne donne
rien.

Voici un pays neuf, il faut tout y créer, tout y porter,
et, surtout en ce qui concerne l'agriculture, c'est une
vraie table rase. Or, chacun sait ce qu'il en coûte d'ex-
ploiter, de défricher la terre ; il est reconnu qu'elle
n'amortit jamais son capital de première mise, et qu'elle
exige avant de rien produire beaucoup de temps, beaucoup de bras, beaucoup d'argent. Hé ! bien, entendez
ce docteur : il se fait fort de réaliser le prodige sans
qu'il vous en coûte rien. Vous n'aurez qu'à tracer quelques lignes d'écriture sur un morceau de papier.

Ah ! fallait-il que l'économie politique se fût élevée
à la hauteur d'une science positive, pour entendre encore professer en plein XIXᵉ siècle, que la prospérité
matérielle d'un État repose sur la forme de ses institutions ; pour entendre soutenir que des cultivateurs s'en-
richissent ou se ruinent, suivant qu'ils ont pour admi-

nistrateur un sous-préfet, un commissaire civil ou un commandant de place.

Supposez un bon laboureur ruminant le projet d'aller faire fortune en Algérie. De quoi pensez-vous qu'il s'informe ? Sera-ce du succès de ceux qui l'y ont précédé, de ses bénéfices probables, des chances diverses qui l'attendent ? Demandera-t-il combien de terre on lui concèderait, et quelle terre ? La nature, la qualité des avances que l'État lui fournirait ? S'il y a des impôts, des corvées à subir ? Si la main-d'œuvre, si la vie est chère ? S'il y a sécurité, salubrité, dans le village où il s'installerait, etc. , etc. ? Point du tout : il s'enquiert des institutions qui règnent dans le pays. Trouvera-t-il, en arrivant là-bas, un maire, un sous-préfet ? Voilà ce qui l'embarrasse, car il aime beaucoup ces gens-là ; tandis qu'un commissaire-civil ou un sous-directeur, fi-donc ! Il n'en voudrait à aucun prix. S'il est volé ? sera-ce le procureur-du-roi qui poursuivra son malfaiteur ? Cela le préoccupe ; qu'on ne lui parle pas pour cet office d'un commandant de place ou d'un chargé d'affaires arabes, il ne peut les souffrir. Enfin, aura-t-il la satisfaction d'apprendre que *Messieurs tels et tels*, gros propriétaires de la commune, et qui sont électeurs, ont choisi *Monsieur tel* pour député ? Voilà ce qui l'intéresse au plus haut point ; c'est là-dessus qu'il résoudra de passer en Afrique ou de rester en France.

La belle chose, en effet, pour un cultivateur que les *droits politiques* ! Il y a de bonnes communes en France où le vote se paie 500 francs comme un liard. Voyons un peu ce qu'il rapporterait là-bas.

Dans la métropole, on compte au plus un électeur pour cent cinquante habitants. D'après cette proportion, les soixante mille Français de l'Algérie ne fourniraient qu'un petit collège de 400 voix ; produit total : UN DÉPUTÉ !

Oh ! mais cet unique député coûterait un peu cher. Car on n'est électeur qu'à la condition d'être auparavant censitaire, la vieille maxime dit : Celui-là *vote* l'impôt qui le *paie*. Or, la base principale du cens, c'est l'impôt foncier ; vous en grèverez donc toutes ces terres dont la culture aurait plutôt besoin d'une prime d'encouragement. Maintenant demandez : combien y a-t-il de propriétaires qui veuillent devenir électeurs ?

En somme, les colons aisés de l'Algérie n'ont aucun titre à réclamer l'exercice des droits politiques dont leur fortune, placée en France, les aurait investis. Ils savaient bien que la transporter en Afrique, c'était sacrifier ce privilège à d'autres intérêts. Quant aux colons pauvres, quant aux cultivateurs qu'il importe surtout de contenter, ce serait folie de leur attribuer la moindre prétention à des droits qu'ils n'ont jamais et n'auraient jamais exercés, en demeurant chez eux.

La seule chose qui pourrait arrêter les émigrants ce seraient ces déclamations furibondes où l'on représente la fortune, la vie, la liberté des colons algériens comme livrées à la merci d'un despotisme aveugle. Qu'on se récrie contre la latitude, exagérée peut-être en certains points, que des réglements surannés continuent de laisser à l'autorité locale, nous concevons cela ; mais qu'on affecte de confondre l'abus possible de quelques textes obscurs et ignorés, avec les actes réels du pouvoir, qu'on accuse celui-ci : *d'exproprier les colons sans indemnité*, de *les requérir, eux, et leurs bêtes de somme, sans rémunération*, et, s'ils gênent, de *les emprisonner*, de *les embarquer* sans autre forme de procès : ceci devient perfide et ment à l'évidence.

Derrière ces allégations générales, on ne voit jamais poindre aucun fait particulier, aucun acte précis. On ne cite pas l'homme requis, exproprié, l'ennemi personnel embarqué ou emprisonné. Ce silence est fondé sur de bonnes raisons.

Comment ne pas réfléchir, en effet, que, pour vivre sous un régime d'ordonnances, l'Algérie n'en reste pas moins soumise au contrôle des Chambres, et qu'un ministre porte toute la responsabilité des actes qui s'y commettent.

Par contre, pour mettre en évidence l'arbitraire de **M.** le maréchal-gouverneur, on fera grand bruit de l'audace avec laquelle, *proprio motu,* sans avoir entendu son conseil d'administration, il s'est permis de lancer un arrêté.... *pour la destruction des sauterelles.* Voilà ce qui empêche les capitaux et les cultivateurs d'inonder l'Algérie ! Le but de ces manœuvres semblerait être réellement d'entraver la marche progressive de notre colonie. En désire-t-on l'aveu naïf ? *Le Courrier* si bon *français* nous l'offre.

« Il n'est arrivé que dix colons à Alger du 21 au 31 mai.
« *Tant mieux !* nous voudrions sincèrement avoir pu

« arrêter encore ces dix malheureux qui ont tenté l'a-
« venture (1) ! »

Étrange effet d'un prétendu patriotisme !

———o–o———

Arrêtons-nous après avoir poussé ces pointes rapides
sur les grandes routes où l'opinion publique s'est jetée
inconsidérément. Notre tâche serait trop longue et trop
pénible, s'il nous fallait encore suivre, à travers champs,
les capricieux écarts d'une foule d'esprits follets.

— Celui-ci propose d'attirer des docteurs d'Orient
pour fonder à Alger une *université musulmane,* où
sera régénérée l'étude du Koran et des commentaires (2).

— Cet autre conclut à la division administrative de
l'Algérie en deux régions distinctes : l'une *pacifique*
et l'autre *militante* (3).

— Un critique se plaint que la commission nautique
d'Alger soit hostile à la construction du port que l'on
poursuivait d'après *un plan déterminé.* Voyez-vous l'audace des gens ? Ils osent démontrer qu'une escadre ne
saurait tenir dans un port *dont le plan est déterminé !*

— Ailleurs, on présente comme une tentative esca-
motée de colonisation militaire le village *sociétaire* de
Saint-Denis-du-Sig.

— Puis, ce sont des plaintes sur un refus de concession à Gigelly, où nous sommes tenus sous le fusil des

———

(1) *Le Courrier français.*
(2) *Le Journal des Débats.*
(3) *L'Algérie.*

Kabyles, et sur ce qu'*on ferme* aux colons la Mitidja, tandis qu'ils la possèdent tout entière.

— En voici un qui nous signale l'invasion des *Anglo-Maltais*, dont il conçoit *plus d'inquiétude que des Arabes*, faute de s'être éclairé dans une géographie élémentaire sur la population de cette île, qui n'est pas, d'ailleurs, très bonne anglaise.

— Bien plus, ces étrangers travaillent pour la vice-royauté du duc d'Aumale : *c'est une manière nouvelle de tenir la promesse d'abandon qu'on a faite aux Anglais.* Manière très nouvelle, en effet.

— Écoutez cette conclusion qu'on tire de la translation récente des chefs-lieux de division militaire dans des villes de l'intérieur : *Nos divisions rayonnant du centre de l'Algérie vers le désert et vers le rivage, cinquante mille hommes auront autant d'action qu'en pouvaient avoir les cent mille lorsqu'ils étaient postés sur le littoral.* — Oui, s'ils y avaient jamais été postés.

— Un plus habile oppose malicieusement M. le lieutenant-général de Lamoricière à M. le maréchal duc d'Isly. Le premier, dit-il, protège *la colonisation civile*, dont le second ne veut pas entendre parler, et celui-ci réserve toute sa bienveillance pour la *colonisation militaire* que l'autre désapprouve.

— Pour coloniser l'Algérie, M. le général de Lamoricière se contente de *deux cent cinquante mille francs*, tandis que M. le duc d'Isly demande *trois cent cinquante millions.*

Et ainsi de suite.

— M. l'abbé Landmann s'apitoie sur le sort des colons

du Sahel, il croit qu'une association les eût préservés
de la fièvre. Il les a visités dans leurs villages, il leur
a demandé s'ils ne manquaient de rien, s'ils se trouvaient parfaitement heureux et satisfaits de leurs affaires. Il lui ont répondu que non. Que n'interrogeait-il
des paysans normands, les plus riches de France, il
eût recueilli de bien autres plaintes.

— Cet auteur-ci (1) trouve que M. le ministre de la
guerre ne connaît pas assez la question d'Afrique, et
en conclut qu'il faut la remettre entre les mains d'un
ministre, prétendu *spécial*, qui n'en saura pas plus sur
l'Algérie, mais n'entendra rien à la guerre.

— Et cœtera, et cœtera, quatres pages d'et cœtera,
car ce serait à n'en pas finir !

———o◦———

Avant de clore cette revue de l'Opinion publique, la
justice nous commande au moins une citation pour les
rares défenseurs de la vraie cause algérienne, pour
ceux qui, placés sur le terrain ferme du progrès matériel de la conquête sérieuse, de la colonisation armée,
ont indiqué la voie où, tôt ou tard, les suivra l'opinion
publique. Celle-ci fait souvent fausse route, mais elle
finit toujours par rallier ces deux grands phares qu'elle
cherche : le bon sens et la vérité.

En fait de brochures distinguées, nous citerons celle
de M. Lamarche, qui proclama hautement la nécessité

---

(1) *Celui de la France en Afrique.*

du régime militaire ; une autre, pleine de spécialité, due à M. de Saint-Genis, qui formula les mêmes conclusions ; enfin l'opuscule prépondérant qui devait emporter la balance, et dont nous reparlerons tout-à-l'heure : *Réflexions sur trois questions fondamentales de notre établissement en Algérie.*

Parmi les grands organes périodiques, un seul embrassa chaudement la cause de nos agents d'exécution en Algérie : le gouverneur, l'armée, l'administration locale ; et ce fut une feuille d'opposition, *le Constitutionnel,* qui donna ce rare exemple de sagesse. Si les antécédents politiques de M. le maréchal duc d'Isly expliquaient l'animosité des journaux de la gauche et de la branche aînée, d'où provenaient le silence affecté du *Journal des Débats*, la tiède adhésion de *l'Époque,* les cyniques attaques de *la Presse?*

On s'en rendra compte aisément lorsqu'on aura parcouru le cercle étroit des idées ou s'agitait alors le monde parlementaire et gouvernemental.

OPINION DU GOUVERNEMENT ET DES CHAMBRES.

Dans un gouvernement constitutionnel qui doit faire la part à toutes les influences, le libre arbitre, l'initiative du pouvoir croissent ou diminuent en raison de sa majorité parlementaire, et l'obligation où il se trouve presque toujours d'enchaîner, par une certaine participation aux affaires, les chefs des différentes nuances politiques dont l'appoint lui est indispensable, transforme, à peu de chose près, tous les grands intérêts du pays en questions de convenances personnelles. Ce mal ne réside pas dans les individus, mais dans les choses.

Qu'on examine par exemple sous quel aspect le problème de l'Algérie se fût offert au gouvernement de Louis XIV, en quels termes il s'impose au nôtre ?

Le grand roi, retiré au fond de son cabinet avec deux ou trois hommes d'état des plus pratiques, eût soigneusement pesé les avantages et les charges de sa conquête. Balance faite, il se fût prononcé *sur l'occupation*. Pouvait-il se tromper ? sans doute ; mais perdre un temps précieux en hésitations et en demi-mesures, il ne le pouvait pas.

Ayant admis l'occupation, il la concevait dans son ensemble, en fixait les limites, en jetait les fondements par la politique ou les armes, l'ouvrait ou la fermait à la population européenne, et, dans le premier cas, constituait celle-ci, soit en vue du commerce, soit pour la défense du sol, sous un régime civil ou militaire. Après avoir nettement résolu toutes ces grandes questions de principes, il se fût demandé : *quel est l'homme* capable de remplir mes vues ? Certes, il pouvait encore mal choisir, il pouvait désigner au lieu de Turenne, Villeroy ; Chamillard au lieu de Colbert. C'était là son écueil, mais il évitait, à coup sûr, les agents imposés, les changements de système et les concessions mutuelles.

Aujourd'hui, tout au rebours, la volonté du pouvoir ne saurait résulter d'une conviction intime, elle résulte forcément d'un compromis avec l'opinion publique. Soyez fort, on vous écoutera. De même l'homme n'est plus fait pour la place, mais la place pour l'homme. Rendez-vous influent, vous serez assez apte.

Vains perfectionnements des formes politiques : ils ne ferment presque jamais une porte aux abus sans en ouvrir une autre !

———o o———

La France n'offre, en dehors des ministères, aucune position égale à celle du gouverneur de l'Algérie : aussi

mainte ambition y vise. Cela se conçoit de reste. L'usage
veut que, en pareil cas, tous les rivaux se coalisent, au
moins tacitement, pour créer d'abord la vacance. Ce
fut ce qui arriva, l'année dernière, avec un tel ensemble,
que l'homme dont le nom demeure associé pour toujours à la conquête réelle de l'Algérie, faillit être obligé
d'en remettre le commandement, avant d'avoir porté
les derniers coups à la révolte comme il importait à sa
gloire. Quiconque sait distinguer le véritable sens du
langage parlementaire a dû comprendre ce qui, dans
les débats de cette époque, constituait véritablement le
fond de la question.

Ce n'était pas : comment gouvernera-t-on l'Algérie ?
C'était : qui gouvernera l'Algérie ?

Au reste, la seule combinaison nouvelle qu'ait agréée
un seul des bureaux de la Chambre, n'obtint pas même
les honneurs d'un examen approfondi. Elle consistait
dans la création d'un huitième portefeuille destiné *spé-
cialement* aux affaires d'Afrique. M. Dufaure, candidat
avoué, en formula le vœu dans le rapport dont il était
chargé au sujet des crédits supplémentaires de l'Algérie.
Son rôle y était délicat : d'une part critiquer beaucoup
afin de justifier l'innovation proposée, de l'autre ménager un collègue futur dans le ministre de la guerre
responsable du mal présent.

Ce furent M. le duc de Dalmatie, relegué dans sa pré-
sidence, et M. le duc d'Isly, absent, qui payèrent les
frais de la guerre. On mettait leur *prétendue lutte* en
avant, comme si des divergences d'opinion sur un sujet
spéculatif (la colonisation) renfermaient une atteinte

au précepte de l'obéissance, et que celle de gouverneur à ministre dût se montrer aveugle et muette, comme *de soldat à caporal.*

On se plaignait de l'administration *fatalement négli- gée,* pour insinuer que M. le maréchal-gouverneur, au lieu de diriger la guerre en personne, aurait dû s'ense- velir dans la capitale sous une foule de petits détails administratifs.

On citait les *enquêtes* dirigées contre plusieurs fonc- tionnaires, et ces enquêtes prouvaient seulement le zèle de l'autorité locale. Quant au mauvais choix des agents suspectés, c'eût été là, selon l'usage, un procès à vider entre le ministère qui nomme et les députés qui recommandent.

Enfin, M. Dufaure ne blâmait l'autorité supérieure que pour n'avoir point adopté de *grandes mesures d'or- ganisation.* Or, il en avait une en poche : l'affaire pou- vait s'arranger.

Il n'y a point de discussion à établir sur des critiques aussi superficielles. L'auteur lui-même leur rendait par- faitement justice en ajoutant ces mots :

« Cette histoire de six mois présente des circons- « tances dont l'opinion publique est émue sans les bien « comprendre. »

Sans les bien comprendre, à coup sûr !

Si l'on oppose ce rapport de la commission des cré- dits supplémentaires à la brochure que M. le duc d'Isly, retenu en Afrique, publia pour tenir lieu des discours qu'il eût prononcés à la Chambre, on verra nettement posé le débat entre les deux esprits qui se disputent encore la direction des affaires algériennes : l'esprit théorique de Paris, l'esprit pratique de la colonie.

S'agit-il en effet de préciser le véritable nœud de la question ?

— Selon M. Dufaure, c'est *la forme administrative*.

— Selon M. le duc d'Isly, c'est *le mode de colonisation*.

Après avoir émis le vœu d'un *ministère spécial*, M. Dufaure ajoute :

« Il ne serait pas impossible que l'avenir de l'Algérie « dépendît du parti qui sera pris sur ces graves diffi- « cultés. »

Hé ! bien, nous croyons, nous, que cet avenir dépend de grands faits d'un autre ordre que la commission n'a pas même abordés, et, pour l'accomplissement desquels, les formes gouvernementales importent peu. De toutes, les moins favorables, assurément, seront celles qui absorberont, pour leur entretien personnel, une plus grande part dans le budget d'Afrique, qui accorderont davantage à l'administration de 45,000 Français et d'autant d'Européens, qu'à celle de 2 ou 3 millions d'indigènes, et d'une armée française de 100,000 hommes, qui enlèveront toute influence, toute initiative au chef du gouvernement local, au point de n'en plus faire, selon les termes mêmes du rapport, qu'un *agent d'exécution*.

Ces remarques s'adressent à l'ensemble d'idées encore vivaces qui a fait naître l'utopie du *ministère spécial*, plutôt qu'au projet en lui-même, Car, non-seulement il est mort aujourd'hui, mais, l'année dernière, il était déjà condamné avant de comparaître devant ses juges.

Une brochure et quelques organes secondaires de la presse l'avait lancé dans le domaine de la discussion publique, et il n'en avait pas soutenu l'épreuve. Comme ce sujet rentrait plutôt dans le ressort de la science politique que dans la spécialité des affaires algériennes, on n'a pas lieu d'être surpris que l'opinion l'ait jugé de suite avec sagacité. Son arrêt fut tellement formel, tellement unanime, que plus tard la combinaison proposée ne devait obtenir ni du ministère, ni de la Chambre, les funèbres honneurs d'une réfutation solennelle.

Quant à la colonisation, M. Dufaure qui ne veut pas employer son budget en Afrique (il en a trop besoin pour installer dignement à Paris son nouveau ministère), M. Dufaure, disons-nous, émet une conclusion des plus étranges qui peut se résumer ainsi : *vous avez dépensé beaucoup* pour créer des centres de culture qui n'ont pas réussi ; désormais *ne dépensez rien* dans ce but, et ils prospèreront d'eux-mêmes.

Aussi, tout le système correspondant consiste dans le

laisser faire. C'est à grand'peine, et pour *racheter des années,* qu'on veut bien *concéder des terres du domaine* aux émigrés d'Europe, qui sans autre secours, devront infailliblement s'enrichir. Rien de plus simple, on le voit, ni de plus économique, mais cela constitue-t-il un *mode de colonisation* ? L'opinion publique, ardente à en provoquer un, parce qu'elle sent vaguement les immenses difficultés de l'entreprise, sera-t-elle satisfaite par cette fin de non-recevoir? Elle vous demandait : comment faire ? Vous lui répondez : ne rien faire !

Avant de descendre au fond des choses on vous opposera vos propres contradictions. Comment, après avoir blâmé l'insuffisance des secours du gouvernement, concluez-vous à n'en donner aucun. Quoi! Ces villages agricoles du Sahel, établis à grands frais, où les colons ont reçu des avances, des instruments, des matériaux, des maisons; que leur voisinage d'Alger plaçait dans les meilleures conditions ; ces villages n'ont pas prospéré, selon vous et selon M. l'abbé Landmann, dont vous ne perdez pas de vue les tableaux sombres. Quelle semblerait être la conclusion forcée de telles prémices? Que les secours donnés, que les moyens fournis étaient encore insuffisants ; qu'il fallait aider davantage ou soutenir plus longtemps les premiers colons. Point! La conclusion tout opposée est qu'on doit les abandonner entièrement à leurs seules ressources, ne rien faire pour eux ; et sans doute que, traités de la sorte, ces mêmes colons auxquels toutes sortes d'aide n'ont pu suffire se fussent parfaitement tirés d'affaires.

En vérité, cela ne satisfait ni la logique, ni l'expé-

rience. Ici, nous invoquons le témoignage, non-seulement du cultivateur africain, mais même de l'agriculteur français. Où a-t-on vu de pauvres paysans s'installer
sur des terres en friche et en tirer leur subsistance de
prime-abord? Sur des propriétés en plein rapport, ne
leur fournit-on pas, dès le principe, instruments, bes-
tiaux, grange, maison, etc. : tel est l'usage en France.

Mais, dira-t-on, le métayer y paie des redevances
dont on est tenu quitte en Afrique. Oh! que voilà bien
un raisonnement de gens riches, pour qui le service
d'une rente ou la prestation de son capitale paraissent
deux choses identiques. Sans doute, le travailleur, mis
en état de produire beaucoup, peut partager ses bénéfices; mais si les éléments de production lui manquent,
il ne trouve pas même le moyen de vivre. Or, c'est là
justement la position que vous faites au cultivateur en le
plaçant, sur une terre en friche, sans instruments, sans
abri, sans avances pécuniaires (1). Autant vaudrait
qu'un fabricant dît à ses ouvriers : Voici la matière première, je n'ai point de machines à vous fournir pour la
confection, mais aussi je ne vous demande aucune part
dans vos bénéfices; vous produirez toujours assez pour
vivre. Erreur assurément : ils ne produiraient rien, ils
ne pourraient pas vivre. Pourquoi les vérités économi-

---

(1) On exigeait des petits concessionnaires la justification d'un certain
capital. D'une part, celui-ci était presque toujours insuffisant, de l'autre, il
opposait un grand obstacle à l'émigration; car le cultivateur aisé demeure
et demeurera toujours en France, le pauvre seul viendra volontiers en
Afrique.

ques les plus communes sont-elles donc méconnues
quand il s'agit de les appliquer à l'agriculture?

Il est plaisant d'entendre appeler le concours de l'État
aux travaux de colonisation un *système factice*. Factice!
Eh! que trouvez-vous de factice dans des maisons
solidement bâties, dans des plantations, dans des dé-
frichements bien réels, etc.? Système *coûteux*, si vous
voulez, mais *factice*: il n'y a pas moyen de vous passer
cette épithète.

M. Dufaure ajoutait : *Nous ne demandons pas la
destruction des villages ainsi créés.* — Vraiment?....
c'est se montrer bon prince.

M. le duc d'Isly, au contraire, s'appuie sur cette vérité
incontestable, que : nulle colonisation ne peut grandir
en Algérie sans l'appui direct de l'État. Les primes d'encouragement données jusqu'à ce jour ont été de deux
sortes : les unes consistaient dans la concession de terres considérables à des capitalistes, les autres dans de
petites concessions, avec des avances matérielles faites
à des cultivateurs. Le premier système fondait la *grande*
propriété; le second, la propriété *démocratique*. Sans
faire entrer ici en ligne de compte la préférence naturelle de nos instincts nationaux, disons que tous les
deux sont admissibles, parce qu'ils introduisent, dans le
partage du sol, une disproportion, dans les cultures, une
variété également indispensables.

Mais on s'est laissé prendre aux apparences les plus
superficielles, lorsqu'allant plus loin, on a dit : l'établissement de la petite propriété est onéreux pour l'État,
celui de la grande ne l'est point.

Défions-nous en général des recettes merveilleuses qui ne demandent *rien* pour produire *beaucoup*. Tout résultat se paie ; seulement il y a différentes manières de payer.

Le grand concessionnaire reçoit un millier d'hectares, il y établit vingt familles, moyennant un débours de soixante mille francs. Le petit concessionnaire demande huit hectares et des matériaux, des vivres, etc., pour une valeur de trois mille francs. Ainsi, l'État peut arriver de deux manières au résultat essentiel pour lui, qui est l'établissement des vingt familles. Soit en donnant mille hectares de terre à un entrepreneur, soit en distribuant lui-même soixante mille francs et cent-soixante, mettons : deux cents hectares.

En préférant la première alternative, on dépouille le domaine de *huit cents hectares* pour économiser une somme de *soixante mille francs*. Et l'on dira qu'un tel système *ne coûte rien !*

L'illusion vient de ce qu'aujourd'hui les huit cents hectares en question ne valent pas un sou, mais quand vous avez installé, à leur centre, le hameau de vingt familles entouré de cultures, relié par des routes à d'autres localités plus importantes, et quand vous aurez répété cette opération sur un très grand nombre de points, doutez-vous que vos huit cents hectares, enclavés de la sorte, ne vaillent beaucoup plus de soixante mille francs.

La chose est évidente : car c'est précisément à cause de cette plus-value considérable et assurée, que votre entrepreneur se serait chargé de l'affaire. Encore eût-il

exécuté aussi bien que l'État l'installation des vingt familles (qui est toujours notre objet capital); n'eût-il
pas lésiné sur les constructions, sur les frais d'assainissement, sur les soins envers les malades, etc. Il est bien
permis d'en douter. Malgré la peine que M. Ferdinand
Barrot s'est donnée, à la tribune, pour faire croire au
dévouement des capitaux, le seul rapprochement de
ces deux mots prête à rire, dans un siècle où l'on croit
si peu à tous les autres dévouements.

La création de la petite propriété par le concours
immédiat du gouvernement réunit donc à d'autres avantages qui sautent aux yeux, comme la certitude du résultat, l'adhérence et le choix des familles, etc., un avantage moins apparent, mais bien réel, sous le rapport de
l'économie même. Malheureusement, elle exige des al-
locations au budget, et par suite le concours des Chambres, tandis que des ordonnances suffisent pour mettre
en vigueur le système des grandes concessions qui sa-
crifie, au lieu des revenus publics, la richesse foncière
de l'État.

On trouve cela commode : de même que les jeunes
dissipateurs se félicitent de troquer, contre un peu d'or,
des nu-propriétés d'une immense valeur.

Cependant, il est présumable que les Chambres bien
édifiées ne se refuseraient pas à voter quelques millions
chaque année pour constituer des centres de petite propriété, particulièrement dans les points où le voisinage

des Arabes réclame une population européenne plus condensée.

Or, ce principe une fois admis, on se demande s'il est un homme raisonnable qui puisse refuser son assentiment aux propositions suivantes.

— A supposer que des soldats de l'armée d'Afrique désirent profiter des avantages offerts à tout cultivateur français (et même à certains étrangers, puisqu'on vient d'établir une colonie de Prussiens,) ces soldats ne méritent-ils pas une préférence marquée? N'ont-ils pas droit au partage de la terre, ceux qui vous l'ont conquise, qui l'ont fécondée les premiers de leur sueur et de leur sang?

— De quel intérêt n'est-il pas, pour une colonie naissante et entourée d'obstacles, d'y faire entrer dans la plus grande proportion possible des hommes vigoureux, acclimatés, connaissant le pays, rompus au maniement des armes, aux fatigues de toute espèce, habitués à combattre et à vaincre les indigènes?

— Les dépenses du gouvernement ne diminueront-elles pas, ou ne deviendront-elles pas plus profitables, appliquées à de jeunes ménages qui ne seront pas encore surchargés de famille, au lieu de s'adresser à ces émigrants qui amènent pères, mères, enfants de tout âge, c'est-à-dire quelquefois dix bouches pour une seule paire de bras?

— Enfin, dans des prévisions plus hautes, suffit-il de créer en Algérie un peuple EUROPÉEN, ne faut-il pas surtout que ce soit un peuple FRANÇAIS. Prenez-en donc l'élément fort, le lien sympathique, dans le cœur même de votre armée, parmi ceux de vos fils qui ont reçu dans ses rangs la grande éducation nationale, et qui en ont rapporté *ce tact des coudes et des cœurs* auquel votre patrie doit sa belle unité.

Quiconque sent ces choses-là, veut la COLONISASION MILITAIRE. Car il s'agit uniquement de s'entendre ici sur un principe, non pas sur des détails d'exécution.

Qu'on accorde *le principe* ; et, remise aux mains de l'armée, *l'exécution* ne faillira pas.

Sont-ce des objections sérieuses que celles de M. Dufaure, tantôt émises sous une forme dubitative, tantôt réduites à une fin de non-recevoir.

— *Convient-il d'employer une partie de l'armée?...*

Assurément cela convient. L'armée n'est pas seulement un bon instrument de destruction, elle est un admirable agent de création. Le nombre, l'énergie, le bon marché de ses bras ; son organisation hiérarchique ; les garanties de probité, de bonne administration qu'elle offre, les ingénieurs distingués qu'elle renferme ; tout porte à la considérer comme un atelier-modèle. Nous demandons à notre tour : *Convient-il* de laisser inactives des forces aussi précieuses, quand le service militaire cesse d'en réclamer l'emploi? Les travaux de colonisation seraient-ils par hasard moins honorables pour l'armée que les combats? Dans l'un et l'autre rôle ne tend-elle pas au même but, n'affermit-elle pas la conquête?

— Mais il faudra qu'on établisse, pour cet objet, *une administration régulière* qui répartira les ressources de son bugdet *discrétionnairement.*

Eh ! sans doute, où serait la difficulté? L'administration de la guerre et celle de la marine n'ont-elles pas à manier des fonds et un matériel immenses? Ne les emploient-elles pas *discrétionnairement*, sauf à justifier, après coup, de leur usage. Enfin, *conviendrait-il* de se vouer, dans la crainte de quelques abus possibles, à une inaction complète? Partout et en tout, des inconvénients existent : mais le plus grave de tous serait, à coup sûr, de renoncer aux grandes choses par crainte des petites.

Nous ne combattrons pas ici beaucoup d'autres objections qui ont été faites contre la colonisation militaire, objec.ions si puériles en général, que M. Dufaure lui-même n'a pas cru devoir les accueillir.

Au reste, cette grande question ne fut ni résolue, ni approfondie, ni même soulevée dans les Chambres. Il semblait que tout le monde en eût peur : et cependant on trouverait difficilement une cause plus digne de la tribune nationale. Mais son défenseur naturel était retenu en Afrique par les exigences de la situation. En raison de cette absence ce fut une partie remise pour la session présente. C'est à celle-ci que la marche forcée des évènements impose, et que le discours de la couronne attribue officiellement la haute mission de faire un choix entre les innombrables systèmes proposés pour la colonisation de l'Algérie.

Ainsi, la chambre de 1846 ne s'occupa réellement

ni des réformes gouvernementales, ni des mesures coloniales qu'on lui signalait, les premières à tort, les secondes avec raison, comme étant le fond même de la
question d'Afrique. Dès-lors, les débats se changèrent
en une causerie plus ou moins vive, plus ou moins ingénieuse, et reproduisant parfois avec une déplorable
fidélité certains écarts de l'opinion publique.

La majeure partie des orateurs, MM. A. Dubois, de
Corcelles, Demousseaux de Givré, Gauthier de Rumilly,
de Carné, se distingua par quelques aperçus pleins de
justesse et par une chaude sympathie pour les intérêts
algériens. Pourquoi faut-il qu'en cette circonstance,
MM. de Larmartine et de Tracy aient perdu la plus belle
occasion de se taire qu'ils eussent jamais rencontrée.

M. de Tracy est venu dire à la tribune ce que M. Desjobert écrit sans cesse. En vérité, tous les deux nous
inspirent un sentiment pénible. Quel est le sens, quel
peut être le résultat de leurs protestations éternelles contre l'Algérie?

— De constater qu'ils ne s'associent point à l'entreprise, la proclament funeste et lui prédisent de désas-
treuses conséquences? Mais est-il bien certain que la
postérité s'inquiète beaucoup de savoir si MM. de Tracy
et Desjobert ont effectivement joué ce rôle d'inutile
Cassandre?

— De remettre en question la conquête? D'en proposer
l'évacuation? A la bonne heure, cela est franc. Mais
alors, au lieu de ces harangues sans conclusion, qui portent beaucoup de préjudice aux intérêts de la colonisation sans menacer son existence, qu'ils osent formuler

nettement leurs vœux, et soumettre aux votes de la Chambre un projet d'abandon.

Ils ne le feront pas : bien plus, au point où en sont les choses, en présence de tant de familles, de tant de capitaux engagés, nous doutons fort que les deux députés anti-algériens consentissent à signer, eux ministres, l'ordre d'évacuer l'Algérie. Qu'ils cessent donc une opposition sans but et sans portée, dont M. de Tracy lui-même a donné la mesure par cet aveu mortifiant :

« Je n'ai nullement la prétention de croire que mon « opinion exerce quelque influence sur l'éminente ques- « tion qui s'agite. »

— Dans ce cas, pourquoi parlez-vous?

A propos de la question d'Afrique, M. de Lamartine s'est d'abord promené dans les quatre parties du monde ; puis sont venus, sans autres preuves que de majestueuses assertions, des jugements tels que ceux-ci : l'administration *absurde*, les projets *insensés* du gouverneur, etc.; mais tout cela n'arrivait point à l'effet poétique, et ne méritait pas encore les glorieuses accolades du *Moniteur* : (*sensation.*) (*mouvement.*) (*écoutez.*) M. de Lamartine ne trouva pas d'autre moyen d'impressionner son auditoire, que de se rendre l'écho mélodieux des pires calomnies de la presse contre l'armée d'Afrique.

Quiconque a vécu dans les rangs de cette armée, ou de toute autre, sait que l'on trouve, en général, plus de sincère humanité sous l'écorce un peu rude du soldat que chez les philanthropes du beau monde. Mais la vie d'un homme d'action est pleine de nécessités avec les-

quelles un rhéteur ne se croit pas tenu de compter. Et
pourquoi prendrait-il cette peine ? Il ne vit pas dans le
monde sévère des faits, il n'en a pas produit, et il n'en
doit jamais produire un seul : il vit dans la région so-
nore, vide et nébuleuse des phrases. Donnez-lui les mots
de conscience, d'humanité, de religion, d'émotion dou-
loureuse, de sympathie profonde, etc. ; il en saura tirer
des sons mélodieux. Mais ne lui demandez pas de préciser comment devaient agir les officiers à qui la France
confiait impérieusement la mission de conquérir et de
dompter des populations que lui-même vient de déclarer *insaisisables ;* sans doute qu'à leur place, il eût versé
des larmes harmonieuses ou rimé de plaintives médi-
tations sur les difficultés de l'entreprise. Voilà cependant un homme investi du bizarre privilége d'insulter
du haut de la tribune nationale une grande armée française, de gourmander ceux qui en *murmurent,* et de
déclarer que nos soldats font une guerre de *sauvages,*
de *barbares.*

Un mot sur ce scandale et sur tous ceux du même
genre dont la polémique de l'année dernière s'est mon-
trée si prodigue.

Rien de plus dangereux, dans un état, que l'ombre
du doute, la moindre incertitude sur les lois, les principes et les usages militaires. L'armée qui, forte de sa
conscience, sert de base à l'ordre public, devient un
instrument de trouble le jour où la parfaite connaissance de son devoir lui est ôtée.

Qu'on s'en souvienne ! Après la Révolution de Juillet,
d'imprudentes théories circulèrent dans la presse. Nos

soldats se demandaient alors s'ils devaient tirer sur l'é-
meute.

La discipline et la hiérarchie sont les liens qui font,
d'une multitude d'hommes, une armée. Mais hiérarchie et discipline ne subsistent qu'à la condition, pour
chacun, d'obéir à son chef, d'être responsable envers
lui seul. Or, ce mécanisme est brisé, sitôt que les orateurs parlementaires, les feuilles publiques, l'opinion
prennent à partie certains officiers, les jugent, les con-
damnent, Dieu sait comme, et jouent ainsi, avec la
différence du ridicule à l'odieux, le rôle funeste des
représentants du peuple au milieu de nos armées ré-
publicaines.

Ces jugements sont toujours un péril, le plus souvent une injustice; car ils se fondent sur le sentiment
et non sur l'examen. Pour qui connaît les lois de la
guerre il n'existe, en effet, parmi tant de griefs élevés
contre l'armée d'Afrique, aucun acte répréhensible.

— Un général en chef exécute la conquête que lui
commande son pays, avec les seuls moyens dont l'expérience et le bon sens de tous les siècles lui prescrivent
l'emploi. Il dit aux indigènes : *Je brûlerai vos récoltes,
vos arbres, vos gourbis,* comme un amiral, rendant
compte d'un bombardement, suppute qu'*il a fait tort
à l'ennemi de quatre, cinq, six millions.*

—Un général, atteignant l'émir qui s'enfuit au milieu
d'un groupe d'Arabes, lance à leur poursuite son goum,
en lui recommandant de ne point *faire de prisonniers*
(et non pas de les égorger, chose assez différente). Son
but est d'empêcher que les cavaliers du goum ne s'ar-

rêtent, ne pillent, ne se débandent, et ne perdent ainsi
de vue le principal objet de la poursuite. La plupart des
manœuvres de la cavalerie européenne conduisent au
même résultat. Fait-elle des prisonniers dans une charge
en muraille ?

— Un colonel, chargé de punir et de faire rentrer dans
la soumission des tribus qui procèdent toujours à la
révolte par l'assassinat, se trouve en présence de grottes célèbres que remplit une population toute en armes,
habituée à y voir le boulevart de son indépendance.
Durant trente heures consécutives, il somme les défenseurs de cette forteresse naturelle ; leurs refus opiniâtres
et la mort d'un parlementaire lui arrachent une exécution dont la guerre entre nations civilisées, et surtout
l'histoire des siéges, offrent des milliers d'exemples.

— Un général, au retour d'une expédition heureuse,
en l'absence de tout ennemi, se trouve assailli dans les
montagnes par une bourrasque et une avalanche de
neige aussi irrésistibles qu'imprévues. L'impossibilité
de transmettre les ordres entraîne de la confusion, l'in-
tensité du froid cause des accidents. Malheurs inévitables,
dont la retraite de Russie a popularisé tant d'épisodes,
qu'on devrait savoir aujourd'hui ce que peuvent, contre les éléments, les meilleurs généraux et les meilleurs
soldats.

Hé ! bien, voilà les faits qui ont soulevé en France
une indignation, factice en général, mais d'autant plus
retentissante. Voilà les faits qui ont suffi à d'habiles
gens pour égarer l'opinion publique, et pour lui arracher des arrêts si tranchants que le ministère, con-

vaincu de leur injustice, n'osa pas les casser en face.

Veut-on savoir l'opinion d'un glorieux maréchal d'empire sur l'affaire des grottes :

— A la Chambre des pairs : Je désavoue cet acte... je le déplore.

— A la Chambre des députés : La guerre à ses nécessités.... peut-être moi-même, en la place du colonel, n'eussé-je pas agi différemment.

Au sujet des désastres du Bon-Taleb, ce sont les actes du ministre qui parlent. Sans ordonner d'enquête, sans attendre aucune plainte, aucune manifestation du commandant en chef de l'armée, il rappelle d'abord le général.... six mois après, il le replace à la tête d'une subdivision de l'Algérie (1).

Pour en finir avec l'opinion parlementaire, nous mentionnerons celle de M. de Tocqueville en faveur du *ministère spécial*. Il trouve cette mesure *très constitutionnelle*. — Par exemple, *bonne* ou *mauvaise* cela ne paraît pas l'occuper.

M. de Lamartine a daigné faire connaître ce qu'il nomme *sa pensée, sa solution*, dont nul assurément

---

(1) Toutefois, l'avancement des officiers n'en souffre pas moins que leur légitime amour-propre. La promotion de M. le colonel Pélissier fut retardée d'un an : quant à M. le général Levasseur, il est depuis assez longtemps le maréchal-de-camp le plus ancien de grade, et l'un des plus anciens de service de toute l'Algérie.

ne lui contestera la découverte, pas plus que celle du *parti social.*

Il propose de créer.... *un Directoire algérien !*

————•✻✿❁✿✻•————

La Chambre des pairs consacra deux séances à l'Algérie. On n'y alla pas davantage au fond de la question, mais les dehors en furent étudiés avec plus de sagesse, plus de convenance et plus de goût.

Malheureusement les débats de la Chambre des pairs exercent une influence si minime sur l'opinion nationale et sur les actes du gouvernement, qu'il n'entre point dans notre cadre d'en discuter même les incidents principaux.

————•◆•————

Il nous reste à examiner maintenant quelle est l'opinion du pouvoir, l'opinion du cabinet.

Si par *une opinion* il faut entendre un ensemble de vues fixées, coordonnées, profondes, étendues, un système pratique fondé sur la conviction et franchement soutenu de tout le crédit ministériel, on peut le proclamer à haute voix : le gouvernement n'a point d'opinion sur la question d'Afrique.

Celle du grand ministre, qui est le véritable chef de notre cabinet, pourrait se résumer ainsi, depuis l'époque où il a repris le portefeuille :

1840. — L'Algérie est une question secondaire.

1843. — L'Algérie est une importante question.

1846. — L'Algérie est la plus grande affaire du pays.

Et..... voilà tout.

Au lieu de fournir une solution, il place une étiquette.

Ainsi, certains dossiers poudreux portent cette in-
scription : *à lire ;* ce qui signifie en bons termes : ne
sera jamais lu, demeurera toujours à lire ; autant vaudrait : *à ne pas lire.*

De même : petite, moyenne, grande affaire, affaire
majeure, affaire à étudier, à approfondir, à résoudre.
— Affaire, croyez-m'en, dont on veut différer la solution.

Le ministère, disons-nous, n'a pas de solution, il se
garde bien d'en avoir, et s'il en avait une, il la cacherait
avec soin.

— Pourquoi ?

— Parce que *la question de l'Algérie n'est point une
question politique.*

Là-dessus, nombre d'écrivains sont tombés en extase.
O phénomène heureux ! O merveille de bonne foi ! La
question de l'Algérie n'est pas une question politique.

Fort bien, mais comme elle en deviendrait une évi-
demment, le jour où partirait du ministère un tracé de
conduite invariable et rectiligne, comptez bien que le
ministère évitera le plus possible de s'engager dans une
route quelconque, allant d'une manière ostensible à
quelque but que ce puisse être.

Et qui lui en ferait un crime ? Est-ce à lui de se
créer des embarras ? N'a-t-il pas le plus grand intérêt à
maintenir la question d'Afrique dans l'état où nous la

voyons ? Contre les attaques journalières, l'opposition elle-même lui a fourni un bouclier : tous les coups, tout le poids de la lutte retombent infailliblement sur M. le gouverneur-général. En matière de principes, on ne l'a pas mis moins à l'aise, puisque des députés fort démocrates trouvent naturel de patroner, en Algérie, le système aristocratique des grandes concessions.

Toutefois, en mettant beaucoup d'art à conserver cette excellente position, le cabinet n'a pas moins joué, dans les derniers débats parlementaires, un rôle plein de franchise, de dignité, d'élévation. Il n'en pouvait être autrement, avec les interprètes qui le représentèrent : M. le lieutenant-général Moline de St-Yon, ministre de la guerre, M. le maréchal-de-camp De Larue directeur des affaires de l'Algérie et commissaire du roi, enfin, M. Guizot lui-même, qui repoussa très noblement d'indignes suppositions au sujet du massacre de la Deïra.

Cette année-ci, le ministère pourra faire entendre sur la question algérienne un orateur de plus. M. de Salvandy, dans un court voyage en Afrique, a trouvé le moyen de voir, de comprendre, de deviner beaucoup de choses ; et ses impressions, aussi nettes que vives, lui ont souvent inspiré, sur les lieux, des paroles véritablement dignes de la tribune.

En résumé, le ministère veut, pour l'Algérie, le progrès et le bien, mais il ne le veut pas, et cela se conçoit de reste, au prix de sa propre stabilité dont il lui semble que la politique du dehors et celle de l'intérieur réclament impérieusement le maintien. Par conséquent, si grave que puisse être à ses yeux, cet intérêt

national, tant qu'il n'entrera pas dans la catégorie des
questions de cabinet, le gouvernement n'y verra qu'une
question secondaire. Jamais il ne fera la faute d'engager volontairement un combat sérieux sur ce terrain
encore neutre : au lieu d'y vaincre, au besoin, l'opinion,
il offrira toujours de transiger et de pactiser avec elle.

———o o———

Cette revue de l'Opinion resterait incomplète, si
nous ne remontions jusqu'à la pensée la plus haute,
celle que des théoriciens constitutionnels prétendent
reléguer dans la région des mythes.

Nous qui pensons que le roi *règne* et *gouverne* nous
attribuons une haute importance aux marques de son
bon-vouloir envers l'Algérie. Il y envoya tous ses fils,
et chacun sut lui en faire aimer, lui en rendre *à jamais
françaises* quelques-unes des localités.

Ainsi le prince royal attacha son nom aux Portes-de-
Fer, au Tenyah de Mouzaïa ; M. le duc de Nemours
aux deux siéges de Constantine ; M. le duc d'Aumale à
Taguine et dans toute la province de l'Est. Enfin, M. le
duc de Montpensier, trop jeune encore pour commander, trouva l'occasion, au combat de Méchounèss, de
montrer, lui aussi, ce *sang qui ne recule pas* (1).

Ces souvenirs de jeunesse, ces premières impressions
de gloire, de fatigues, de fraternité militaires ont un

———

(1) Paroles de M. le duc d'Aumale en ordonnant sa charge audacieuse sur
la Smala.

charme que rien n'efface. Sans doute, de hautes considérations, de grandes vues politiques concourent à en
assurer l'effet ; mais ce sont eux surtout qui rendent
l'Algérie plus populaire dans la famille royale que dans
aucune autre famille du royaume.

CONCLUSION.

Nous revenons, après avoir parcouru un grand cercle, au point dont nous étions partis : *l'opinion reine du monde.*

L'Algérie n'étant une question d'existence ni pour la dynastie, ni pour le cabinet, ni pour aucune nuance parlementaire, ni pour aucun parti social ou politique, *la question de l'Algérie* se trouve entièrement abandonnée à *l'opinion publique.*

N'est-ce pas un très grand malheur, après toutes les aberrations, toutes les folies, toutes les injustices, tous les manques de logique, d'observation, de bonne foi, qui viennent d'être énumérés ? L'unique chance de salut consisterait dans la réalisation de ce vœu !

— QUE L'OPINION S'ÉCLAIRE !

Sinon, il lui arrivera, pour la colonisation, ce qui lui est arrivé pour la conquête ; elle voyagera longtemps de chimères en chimères avant d'atteindre la réalité.

L'opinion ne s'éclairera qu'en écoutant les conseil-

lers qui connaissent parfaitement l'Algérie sous le double rapport de l'agriculture et de la guerre pratiques,
de préférence à ceux qui en parlent d'après leurs livres.

— En donnant sa confiance aux hommes d'action
qui doivent exécuter ce qu'ils proposent, plutôt qu'aux
théoriciens qui proposent à l'aise ce qu'ils ne doivent
jamais exécuter.

— En faisant, par exemple, un accueil favorable aux
projets anciens, mûris, persévérants, d'un homme qui
a pratiqué l'agriculture pendant la moitié de sa vie, et
pendant l'autre moitié, la guerre ; qui a conquis l'Algérie, qui la gouverne depuis six ans, et dont aucun
intérêt personnel n'influence le jugement.

L'opinion fut égarée jadis par des flatteurs qui lui
promettaient la conquête *sans dépense, sans armée,
sans effusion de sang ;* qu'elle se tienne en garde, aujourd'hui, contre ceux qui viennent lui promettre la
colonisation *rapide, économique, spontanée.*

L'opinion doit se pénétrer, avant tout, de cette
vérité : Il faut, pour l'accomplissement de toute grande
entreprise agricole, *beaucoup de temps, beaucoup de
bras, beaucoup d'argent.*

Loin de nous, toutefois, la pensée d'imposer à l'opinion le joug d'aucune autorité. Ce n'est pas un vote de
confiance, mais un arrêt impartial que nous réclamons
d'elle.

Maintenant, le terrein de la question d'Afrique se

trouve entièrement déblayé. Le seul problème de la colonisation y reste et attire tous les regards. Nous essaierons, dans un prochain écrit, d'en exposer la vraie solution, et de montrer comment plusieurs autres, fort opposées en apparence, conduiraient cependant au même résultat, après un certain nombre de déceptions et de détours.

Il n'y a qu'un seul but, qu'une seule ligne droite pour l'atteindre : en essayant toute autre route, on doit nécessairement ou s'égarer, ou marcher plus long-temps.

TABLES DES MATIÈRES.

Imprimerie hydraulique de GIROUX et VIALAT, à Lagny.

www.ingramcontent.com/pod-product-compliance
Lightning Source LLC
Chambersburg PA
CBHW050015100426

42739CB00011B/2654